せんせい　ぼく　障害児？

―心に刺さった忘れられないことば―

高木千恵子

はじめに

心に刺さった忘れられないことば

私の心に刺さった忘れられないことばは、日常の会話の中にありました。

周りの方たちとの何気ない会話や訴え、そしてふともれたつぶやきにありました。
顔を合わせ、声を聞き、息遣いを感じる中で発せられたことばに、
私の心が　…揺らぎ　…癒され　…励まされ　…打たれ　…動かされ
私の心に　…刺さり　…残った　のでした。

そして、今でも忘れられないことばとなっています。

障害のある子も障害のない子も共に学ぶ
共に生きる社会は　共に学ぶ教室から

能力主義の流れに抗し自分を問い続けるなかで、忘れられないことばとなっています。

もくじ

題字　小坂真一　　表紙イラスト　安藤和弘

1話　保健の先生になりたいの？

私が教育学部の特殊教育学科を選び「養護学校の先生になりたい」と言うと、「えっ、養護の先生？　なんで保健の先生なの？」と、周囲の方たちからのことばです。

高校生の頃の私は、家の農作業を手伝いながら、男優先の社会の在り方や学力重視の学校生活に疑問を抱き始めていました。そして女でも自立した生活をしなければと思っていました。女が自立するためには、学校の先生しか思い浮かびませんでした。

1960年頃は、義務教育終了後の子どもは家の稼ぎ手となりました。「金のたまご」と言われ、都会に働きに出ました。その頃の農家には現金収入が少なく、池田内閣が所得倍増計画を出しましたが、農家の所得が倍増するわけではありません。そこで田や畑に出ていた農家の男たちは、現金収入を求めて工場に働きに出ました。

私は先生になって自立したいと思っていたのですが、高校時代の教師を見ていて「先生になってもおもしろくないな」と考えてしまいました。そこで、見つけ出したのが養護学校の先生でした。障害のある人たちのために役に立ちたい、やりがいのある仕事をしたいと変わりました。大学は教育学部の特殊教育学科を選び、養護学校の先生になり、障害のある人のための教育をしたいと意気込んでいました。

養護学校の先生になると言うと、私の周りの人たちは「なんで、養護の先生なの？」「普通の先生じゃないの？ 保健の先生になりたいの？」と聞いてくるのです。みんな養護学校を知りません。養護学校の先生が伝わらないのです。私はそのたびに「養護の先生ではなくて、養護学校の先生なの」と言い返していました。その頃の山梨県には養護学校はありませんでした。

振り返ってみると、あの当時（１９６０年代）は、障害の軽い子は特殊学校、障害の重い子は通所施設や入所施設でした。特に障害の重い子どもは入所施設からも受け入れられず、家庭に取り残され「座敷牢」と言われた部屋で過ごしていました。友達のお姉さんに重度の障害があり、家にいるのを見ても見なかったことにしようとしたのを覚えています。

私は養護学校の先生になるのだと強調して、自分にも言い聞かせていたのでした。

2話　愛される精神薄弱児

１９６０年代の大学の特殊教育の講義で学んだことばです。普通教育の目標が「期待される人間像」に対して、特殊教育の目標は「愛される精神薄弱児」です。

「期待される人間像」　このことばを覚えていますか。その頃多くの新聞に取り上げられました。

１９６６年に中央教育審議会が「後期中等教育の拡充整備について」答申しました。その中の「今後の国家社会における人間像はいかにあるべきか」に「期待される人間像」が出され、注目されました。当時、道徳の規範として示されました。

この「期待される人間像」に対し、特殊教育では「愛される精神薄弱児」に育てるのだという講義を受けました。精神薄弱とは、当時知的障害をこう呼んでいました。「期待される人間像」にも問題を感じましたが、「愛される精神薄弱児」にはさらに疑問を持ちました。愛される障害児でなく、愛される精神薄弱児です。愛される精神薄弱児に育てるために、養護学校の教育は体力づくりと職業教育がねらいだとしていました。

こんな疑問を持っていた頃、東京の八王子養護学校では、愛される精神薄弱児を育てるのではなく、学ぶ喜びを求め教科教育を実践していることを知りました。養護学校の先生になるのなら、八王子養護学校だと思いました。東京の教員試験を受け八王子養護学校に採用されました。期待される人間でもなく、愛される精神薄弱児でもない教育に関われると気持ちを新たにしました。

東京都の教員採用手続きのために初めて有楽町にあった都庁を訪れた時の驚きは、今でも記憶に残っています。都庁では、エレベーターガールを身体障害のある方がやっていました。エレベーターガールとは、当時エレベーターを操作し案内する女性のことをいいました。受付も障害者がやっていました。都庁の中で働く障害者を見て、東京は進んでいると思いました。

「愛される精神薄弱児」はもう過去のことだと忘れていた頃（２０１４年）に、特別支援学校教員のＳさんからの報告に驚きました。都内のＡ区内の中学校心障学級では「愛される精神薄弱児」が合言葉だったそうです。障害名は「精神薄弱」から「知的障害」に変わっても、障害のある子どもたちを「愛される存在」にしていかなければならない現実は変わっていない、というものでした。

＊中央教育審議会　文部科学大臣の諮問機関として文部科学省内に設置されている審議会
＊教科教育を実践した八王子養護学校の講師の方たち　遠山啓・国分一太郎・園部三郎・竹内敏晴等、当時の教科教育の専門家

3話　養護学校の教員は差別者だ

障害者解放を訴える当事者たちから、養護学校の教員たちに向けられたことばです。私は差別者だと指摘され驚き、その意味がよく理解できませんでした。

１９７０年代に、障害者解放運動が始まりました。

横浜で母親が脳性麻痺の子どもを絞殺した事件がありました。母親に同情的な立場から、減刑や無罪放免の嘆願運動が起こりました。全国青い芝の会は、これに反対し罪は罪として裁くよう要求しました。自らの命をかけて差別と闘う障害者たちに出会ったことは、本当に衝撃的な出来事でした。

「重度障害者も人間です」と東京の府中療育センターにおける非人間的な扱いに対し、在所生の抗議の闘いがありました。科学の粋を集めた府中療育センターの実態は、ロボトミーという脳手術や子宮を取り去る手術が本人の承諾なく行われ、そこに暮らす障害者たちの人権を無視したものでした。

普通学級への就学を求めて運動をする八木下浩一さんや障害者に運転免許を認めよと裁判闘争をしていた荒木義昭さんを知りました。ドキュメンタリー映画「さようならＣＰ」も見ました。体を張って主張する障害者を目にして、ことばがありませんでした。

障害者解放の声は、教育の場にも向けられてきました。私は闘う障害者の眼が気になってきて、集会やデモの参加に気が重くなりました。行っても隅のほうで小さくなっていました。1979年のあの文部省前の全障連の養護学校義務化反対集会では、集会の中に入れず周辺をうろうろしていました。怖くて抗議する障害当事者たちの輪の中に入れず、遠くから見ていました。養護学校の教員でありながら、「養護学校義務化あかんねん」を障害者たちと一緒に訴えられなかったのです。

私は差別なんかしていない、こんな自問自答が始まりました。障害者の教育や医療や福祉の場で働く者たちが、なんで差別者として批判を受けるのかわかりませんでした。障害児の役に立ちたいと養護学校の先生になったのに、私が差別をしているのでしょうか。

障害者解放闘争に衝撃を受け、悶々とする日々が続きました。そして、健常者という立ち位置が障害者差別をする側に位置付けられていることを理解できるようになりました。やっと、健常者としての自分に向き合わねばならないと思うようになりました。養護学校の教員は障害者差別をしていないのではなく、差別する側の一人だとして問い返さねばならなくなりました。

＊青い芝の会　脳性マヒ者（CP者）による当事者団体。障害者差別解消・障害者解放闘争を目的として組織され現在も活動をしている。

4話　せんせい　ぼく　障害児？

養護学校中学部3年生のIさんが「せんせい　ぼく、障害児？」と私に聞いたことばです。私はなんと答えたらよいのかわからず、何とかごまかしてその場を取り繕いました。

八王子養護学校の先生になって2年目でした。中学部の3年生を担任しました。Iさんは小学校（普通級）を卒業し、中学生になって八王子養護学校に入ってきました。私が教員となって初めての担任した子どもです。普通級からの転校はめずらしくありませんでした。

当時の養護学校には、学校独自で入学者を決める入学調査がありました。養護学校対象児は【極度の重複障害をもたない精神薄弱児　知能指数は概ね四〇～六〇程度の者　社会自立可能な者等】とした判別基準がありました。養護学校義務化で就学指導委員会が設置される以前のことです。

養護学校義務化をめぐって、東京都教育委員会（都教委）や教職員組合からのチラシが連日ありました。まだ教職員組合のチラシを学校で配布できていた時代でした。ある日、子どもたちに持たせるチラシがありました。そのチラシにあった障害児の文字を見たIさんが、私に聞いてきました。「せんせい　ぼく、障害児？」と。その時、私は答えに詰まったのです。なんと答えたらよいのか、Iさんに向かって「あなたたちのことだ」と言えなかったのです。

　障害者解放闘争の最中、差別者だと指摘されている養護学校の教員として、Ｉさんを障害者と言えなかったのです。まだ自分が障害者を差別する健常者だと認められずにいたので、その辺の考えが整理できていなかったからです。

　その頃、日常使われていたことばが差別用語だと指摘され、問い直しが始まりました。私たちは知らないうちに、差別語を使っているのだと気づかされました。障害名にかぎかっこをつけたり、別のことばで表現するようにしたりして気を配りました。精神薄弱を知恵遅れに、特殊学級が障害児学級に特殊学校が障害児学校に置き換わりました。

　後に障害者権利条約で、障害のとらえ方に医療モデルと社会モデルがあるとされました。社会モデルとは、【社会こそが『障害（障壁）』をつくっており、それを取り除くのは社会の責務だ】という考え方です。医療モデルとは、【障害者が困難に直面するのはその人に障害があるからであり、克服するのはその人と家族の責任だ】とする考え方です。障害者権利条約では、社会モデルの考え方をとっています。社会モデルという考え方を知って、私の中のもやもやがかなり整理できました。

　今でも障害当事者から、「ぼく、障害児？」と問いかけられたら、答えにどぎまぎします。

5話 私にも名前があるんです

府中療育センターの在所生であった岩楯恵美子さんのことばです。24才まで学校に行けなかった岩楯さんは、府中市に「私も学校へ入りたい」と要望書を提出したのです。

１９６7年に八木下浩一さん（当時26才）が、埼玉県川口市の小学校に「学校に行きたい」と申し入れました。１９７3年に府中療育センターの在所生であった岩楯恵美子さん（当時24才）は、府中市の小学校に就学の要望書を提出しました。１９７4年には、東京久留米園にいた村田実さん（当時35才）も、小学校就学を求めて市教委との交渉を始めました。当時の朝日新聞に「小学生志願　車椅子の36才」の記事が載りました。

皆さん脳性マヒの当事者で、しかも就学年齢をすでに超えています。学校教育対象児ではないため、就学猶予か免除となっていました。当時、就学年齢を過ぎた人たちを「過年児」と呼びました。私はこの就学闘争を知って、市教委交渉や集会に参加し支援しました。八木下さんは１９７０年に地元・埼玉県川口市立の小学校へ就学しましたが、岩楯さんと村田さんは就学を拒まれ続けました。

岩楯恵美子さんが府中療育センターを出て地域で自立生活を始めた時、私は介助に入りました。

学校の仕事を終えてから岩楯さんの家に行

き、朝はそこから出勤しました。介助に入ったというより一時的なお手伝いでしたが、障害者の自立生活を初めて知りました。施設で暮らす障害者としか接したことがなかったからです。

当時の手書きのビラが手元にあります。「私が13才の時、就学猶予・免除の通知が来ました」「飼い殺しで一生を終わりたくない」「私を何か動物のようにジロジロと見る」と、岩楯さんは訴えていました。特に「私にも名前があるんです」は、心に突き刺さりました。

堀利和さんが障害児を普通学校へ・全国連絡会の会報（２０１８年９月号）に、「津久井やまゆり園事件から何を考えるべきか」を書いています。この中で「このやまゆり園事件は私たちの70年代がまだ終わっていないことを意味する。植松被告は津久井やまゆり園の重度重複知的障害者を殺したが、われわれはすでにかれらを地域社会から抹殺していた」と述べています。堀利和さんの言う「私たちの70年」とは、府中療育センター闘争など障害者解放闘争が提起したものだと思いました。そして再び岩楯さんのことば「私にも名前があるんです」を思い起こしました。

＊障害児を普通学校へ・全国連絡会　養護学校義務化の2年後の１９８１年に、「どの子も地域の学校へ」と呼びかけ結成され、地域の普通学校への就学運動をすすめている。２０２１年で40年を迎えた。

＊堀利和　１９８９年、日本で初めて視覚障害者が参議院議員となる。通算12年。現在、様々な障害者運動に関わっている。

6話　なんで　字を覚えなきゃいけないの　なんの役に立つの？—

Kさんは養護学校の小学部から中学部までの9年間、ずっとひらがな文字を覚える勉強を続けていました。高等部に進学しても字の勉強をするのかと、聞いてきた時のことばです。

Kさんは、養護学校中学部の3年生です。小学部の6年間と中学部の3年間、国語の時間にずっとひらがなの文字指導を受けてきました。私は中学部で2年の間、ひらがなの読み書きを教えました。Kさんは日常の会話は伝え合えるし、自分の名前は読めるし、友達の名前も見分けがつきます。けれど書けません。自分の名前は7文字のうち順序が入れ替わったり抜けたりして書くので、読み取れません。文字の形も正確ではありません。教え方を工夫すればと思い、指導法を研究しました。言語学者や心理学者たちの指導法を読みあさり、いろいろな方法を試みました。けれど、ひらがな文字をいくつか読みとるのですが、文は読めません。書くこともできません。

コロナ禍で自粛生活が続く最近のことです。50才を過ぎたOさん（養護学校卒業生）が、「字を覚えたい」と言ってきました。訳を聞くと、そんな気持ちになったと言います。Oさんは、両親が亡くなって一人で自立生活をしています。ヘルパーさんに掃除や食事などを支援してもらい、生活保護を受け、やりくりは自分でやっています。だから字が読めないと困るのだそうです。

Oさんは週1回必ず時間通りに私の家に来て、2時間もひらがな50音表に向きあいます。字を覚えたい気持ちが伝わってきます。ひらがな50音から始めたのですが、彼の持っている語彙は小学生とは大違いです。「やちん（家賃）のや」「ぱちんこのぱ」等など、やはり50代の生活です。それで彼が生活の中で使っている単語を見つけ出しては、その単語の音と文字をつなげていきました。

私も経験のないひらがな文字の教え方は手探りです。「どうして漢字にはいくつも読み方があるの」とか「書き順なんてあるんだ」「点と丸ってなんでいるの」など、えっと思うような質問もあって、私も教えられています。

ある日、「手紙を書きたいんだけど」と言って、50音表から一音一音拾い出しながら書きあげました。終わった途端、「ファッー」と大きな深呼吸です。文を書いたのは、小学校の卒業文集以来だそうです。学ぶ意欲は、人とのつながりから生まれるのだと改めて確信しました。

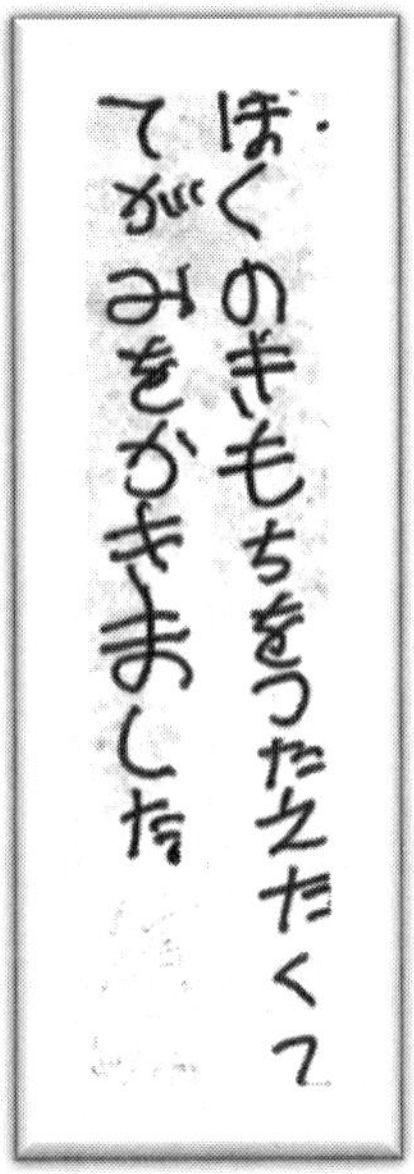
ぼくのきもちをつたえたくて
てがみをかきました

いま特別支援教育では、「多様な学びの場」での「適切な支援」を進めています。文科省は「障害による支援」でなく「ニーズによる支援」だと言います。ニーズとは、誰が求めているニーズなのでしょうか。障害の克服を目標に、できるようになることを求めているニーズではないでしょうか。

「字を覚えなきゃいけないの」のKさんは、文字を覚えるニーズがなかったのでしょう。文字を使わない日常の生活を送っており、話し言葉で多くの人たちとつながっていたのかもしれません。だから、字を覚えて何の役に立つのか問いたかったのでしょう。Oさんは生活する中で「字を覚えたい」と思い、自分の気持ちを伝えたかったのでしょう。文字もことばも人とのつながりの中から求められるものだと思いました。

7話　養護学校よ　どこへ行く

1974年、八王子養護学校実践報告会で渡部淳さんが行なった講演のテーマのことばです。正確には、「全入問題と研究活動のありかた—養護学校よ、どこへいく」です。

東京都は、養護学校義務制化（1979年）以前の1973年に、養護学校全員就学に踏み出しました。これまで学校教育の対象でなかった重度障害児の就学運動が高まったからでした。

義務化前の養護学校には、学校独自で入学者を決める入学検査がありました。入学検査がなくなり、全ての子どもを受け入れる全員就学になりました。

多くの養護学校は、障害児の発達保障を唱え、養護学校教育の充実と拡充の方向に動き出しました。八王子養護学校は養護学校の充実と拡充の方向に疑問を持ちながらも、これまで経験のなかった重度の子どもたちの指導をさぐり、養護学校の差別性とどう対峙するのかを考えました。

がっこの会の渡部淳さんを実践報告会の講師とすることは、職員の間で議論となりました。渡部さんは、養護学校や特殊学級の存在を否定し、普通学級就学運動を進めていました。講師と決まり、当日の講演会では白熱した討論が展開され、その後の研究会や職員会議のたびに養護学校教育の在り方について話し合われました。１９７３年に「養護学校義務化」の政令が出されてから、１９７９年に実施されるまでのことです。〈養護学校よ　どこへ行く〉の問いかけが始まったのだとしっかりと記憶しています。

１９８０年頃からは、発達障害とか学習障害等の障害名が話題になり、新たに子どもたちが障害児としてくくられるようになりました。養護学校から小学校に転勤した時、仲間の教員たちから落ち着かない子どもがいると「あの子が発達障害？」とか、読み書きが苦手な子がいると「学習障害？」と聞かれました。少しでも他の子どもと違うと、障害名をつけたがる雰囲気がありました。特別支援教育の子どもが増えるわけです。

渡辺淳さん、養護学校は義務制化以来増え続けています。今は特別支援学校と名を変えて増え続けています。２０２２年からは特別支援学校の設置基準が施行されるので、更に増えていきます。そして子どもたちを分け隔てる教育がすすみます。

＊総務省統計局の「日本の統計が閲覧できる政府統計ポータルサイ」により計算したところ、「全児童生徒数は少子化に伴って減り続け、この15年で11％減である。それに対し、特別支援学級と特別支援学校を合わせた生徒数は、実に２３６％増である」千田好夫（障害児を普通学校へ・全国連絡会２０２１年９月７日発行の会報№３９８より）

＊特別支援学校の設置基準（文科省通知より抜粋）

特別支援学校には、学校教育法第3条に基づく独立した設置基準が定められておらず、在籍者数の増加により慢性的な教室不足が続いている。特別支援学校の教育環境を改善する観点から、設置基準が制定された。2022年4月に施行される。

＊がっこの会（教育を考える会）　国立小児病院の心理検査室に勤務していた渡部淳さんを中心に「共に学ぶ」就学運動が始まった。私はがっこの会で、初めて「共に学ぶ」の活動に出会った。「がっこ」は、子どもたちが学校を「がっこ」と言うことから、がっこの会と呼んでいる。

8話　養護学校はつまらない

1979年、「金井康治君の転校を実現する総決起集会」での金井康治さんのことばです。康治さんは、養護学校から地域の普通学級への転校を希望しました。集会で、文字盤から一文字一文字拾いながら、彼は訴えたのです。

ぼくは、じょうほく（城北養護学校）に2ねんかんいっていました。その2ねんかんはつまらなかったです。なんでつまらなかったというと、くんれんをむりやりやらされたからです

1977年8月、金井康治さんは、東京都足立区教育委員会に東京都立城北養護学校から花畑東小学校へ転校希望を出しました。足立区教育委員会と花畑東小学校は養護学校が適当であると判断し、転校を拒否しました。これからあしかけ7年にもわたる転校闘争が始まりました。

母親の長谷川律子さん（現在、全国連代表）は「転校を望む本人康治のためにも、納得のいかぬまま転校希望を断念することは絶対にするまい」と決意し、花畑東小学校に自主登校を始めました。自主登校には、全国から多くの支援がありました。養護学校義務化阻止運動の高まりの頃でしたので、マスコミも大きく取り上げました。集会には、いつも1500名もの方々が全国から駆けつけました。足立区教育委員会

はそのたびに硬直した姿勢に出てきました。
私も、康治さんの自主登校に同行したり、ハンストに入ったりして支援しました。私の手元には、今も手書きのビラが残っています。その中に、康治さんが繰り返し述べていたことがありました。訓練についてです。

ぼくは、かないこうじです。6がつで　12さいになります。じょうほくには　いきたくない。
　むりやりやらせるくんれんがきらいだった
うちでくつしたをぬいだり　いすにすわったり　せんめんじょにたったり　ずぼんをぬいだり　ぼくがやりたかったからできた　おとうとのやるのをみて　できるようになった
―中略―　ぼくはにんげんだ　なきむしだけど　つよくなって　あるきたい

「養護学校はつまらない」　このことばは、私が八王子養護学校から市内の小学校へ転勤するきっかけとなりました。１９８１年に、金井康治さんの花畑東小学校への交流が実現することになりました。康治さんは、この時6年生になっていました。私はその3月に養護学校から八王子市内の小学校へ転勤が決まりました。自ら選んで養護学校を去ることにしたのです。

＊金井康治さんの転校闘争については「康ちゃんの空」（楠山忠之著、千書房）等が出版されている。

9話　愛してる〜

Aさんが突然朝礼台に駆け上り、校長のマイクをとり「愛してる〜」と歌ったのです。小学校の全校朝礼で、校長が話をして終わりかけた頃のことでした。

「愛してる〜」は、当時流行していた歌「空に太陽がある限り」（にしきのあきら）の歌いだしの部分です。Aさんの「愛してる〜」に、全校の子どもたちも職員も大笑いです。校長は急いでマイクを取り返しました。担任はAさんを連れ戻しました。でも、それでみんな何事もなかったかのように、元の朝礼に戻ったのです。

養護学校から八王子市の小学校に異動しました。赴任先の小学校は、学校として障害児を受け入れる取り組みをしていました。また教職員の総意で、学校運営をしていこうとする職員集団でした。

Aさんは1年生、教室の中で椅子に座っている子ではありません。担任は小柄なAさんを肩車しながら授業をしていました。学校から飛び出してしまうこともあったので、職員で話し合い、やむなく校門に鍵をかけることにしました。そのAさんが、ある日の朝礼で「愛してる〜」を歌ったのです。そして、また元の状態に戻ったのです。

私は、この出来事をいろいろな場でよく話します。今はもう大人になったAさんにも話しました。Aさんは自分で覚えているというよりも、私からの話で覚えているようですが、思い出話のようにおもしろがります。私は「愛してる〜」が、全校の子どもや教員が大笑いして終わったことを伝えたいのです。その後もなんの問題も起きませんでした。「どの子も共に」を追求していた教職員集団だったからだと思います。また学校の在り方も規則に拘束されずに、おおらかだったからでしょう。今の学校体制では、何事もなくとはいかないでしょう。

私の普通学級での初めての担任は、4年生でした。教室の中いっぱいに、子どもたちがいるんです。そしてさまざまな声やことばが飛び交っています。エネルギーがはちきれんばかりです。一日の動きも目まぐるしく、子どもたちのあとを追うようでした。子どもってこうなんだと実感しました。

一番大変だったことは学級指導でした。学級内での子どもたちのもめごとやトラブルにどう対処したらよいのか本当に悩みました。養護学校では、学級指導という経験がなかったからです。いきなり子どもも社会のなかに飛び込んだような気持ちでした。

全国連の仲間に「普通学級に移って一番大変だったことは、学級指導だった」と話した時、「それが娑婆なんじゃない」と言われました。そう、普通学級って娑婆なのだから、対立もいじめも差別も起こるし、支え合いもいたわり合いもあるのだ。この普通学級という娑婆で、私は子どもたちとどう向き合うかが問われていたのだと後々気づいたのでした。

Aさんは「愛してる〜」以後も、いくつものトラブルを重ねましたが、そのまま6年生まで進み中学校に行きました。Aさんについて語りたいことはたくさんあります。中学校卒業後は、「もう勉強したくない、学校は終わり」といって、仕事探しを始めました。何度か仕事を変えながら暮らしています。メールを使いこなすようになって、度々近況を連絡してきます。返信をしないとすぐに催促がきます。

10話　先生　勉強やめないで

教室から飛び出すYちゃんを追いかける私に、クラスの子どもが訴えたことばです。Yちゃんを追いかけることが繰り返し続いた頃に言われました。

小学校に移って2年目に1年生の担任となり、Yちゃんの担任になりました。

入学式の翌日から、お母さんの送り迎えが始まりました。私が教室に行くまで、お母さんは教室にいて、私とバトンタッチです。Yちゃんは母親と離れるのをいやがって、教室中に響き渡る声で大泣きです。私は母親とYちゃんを引き離して、席に座るように仕向けます。けれどYちゃんは1分と席についていておらず、しばらく教室内を立ち歩いた後、外に飛び出すのです。

私がYちゃんを追いかけると、先生が追いかけるものだから、クラスの子どもたちもおもしろがり一緒に追いかけるのです。こんな状態が続きました。何度か繰り返しているうちに行き先がわかってきたので、すぐに追いかけずに授業の合間をみてから探しに行くようになりました。

Yちゃんが学校生活に慣れてくると、クラスの子もYちゃんのいる学級に慣れ始めました。「先生、Yちゃん～しているよ」「先生、出て行ったよ」と教えてくれるのです。そしていつの間にか飛び出していくYちゃんをみんなで引き留めるようにもなっていました。

そうしたある時、一人の子から「先生、勉強途中でやめないで」と言われました。思い切って私に訴えた様子です。勉強を中断されて、戸惑った子がいたのだと気が付きました。それでとっさに「ごめん。Yちゃんが心配だから」と返したのですが、どうにも納得のいかない様子でした。それで、ふと「あなたが先生に用がある時は、必ず勉強の途中でもそばに来るからね」とこんないいわけをしました。

その後も、「先生、勉強やめないで」と言ってくることが続きました。Yちゃんの飛び出しは気になるし、授業を中断するのはよくないし、私もどうしたらいいのか迷いました。授業を中断しないように、ロッカーの上に絵本やおもちゃなどYちゃんの好きそうなものを置いたり、手をつなぎながら授業をしたりしました。すぐに追いかけないで、課題を出してから教室を出るようにもしました。

そんなある時でした。「先生、勉強途中でやめないで」と訴えた子の歯が抜けたのです。1年生は歯が生え変わる時期です。授業中にグラグラする歯をいじっていて抜けてしまい、口の周りが血で真っ赤になり困っている場面はよく起こります。1年生を担任すると珍しくありません。その子も、口から血が出て困っていました。私は授業を止めて、そばに行きました。「大変、歯が抜けたのね、洗面所に行って口を洗っておいで」と声をかけ、手当てをしました。手当が終わると、その子は教室から飛び出していきました。

そんなことがあってからです。「先生、勉強やめないで」を言わなくなりました。私は、困っている時には先生が来てくれることを、自分が経験して納得してくれたのだと勝手に解釈しました。

「障害児がクラスにいると担任はその子の世話に追われ、他の子どもたちの教育に支障が生じる」と言われます。私は、障害児もクラスの子も共に育つことを求めていけば、子どもたちも一緒に考え、そこから何らかの手立てが出てくるものだと思います。

11話　もう一回　笑って

授業中に、子どもたちがドドッと笑いました。教室の横の黒板でお絵描きをしていたYちゃんが、その笑い声にハッとして振り返り、「みんな、もう一回　笑って」といったのです。

Yちゃんは2年生になりました。2年生になっても、授業中はずっと席に座っていられません。友達の机の間を歩いているか、教室の横にある黒板でお絵描きをしているか、そのうち教室を飛びだしていくかが続いていました。

いつものように、Yちゃんが教室の横にある黒板に向かって、お絵描きをしていた時のことでした。クラスの子どもたちが、何かのタイミングで一斉にドドッと笑いました。その笑い声に驚いて、ハッと振り返ったYちゃんが言うのです。「みんな、もう一回　笑って」、そして「もう一回　笑って」と繰り返しました。子どもたちは「Yちゃん　無理～」「無理～」と返すしかありません。みんなが一斉にドドッと笑うなんて、ほんと何かのタイミングです。

それからです。Yちゃんが、授業中のクラスの雰囲気を気にしはじめたのです。ドドッと笑う瞬間を待っているかのように、私には思えました。そんな様子が伝わってきました。そこで私は、クラスの子どもたち全員がドドッと笑うようなおもしろいしぐさやことばを意図的に使いました。ドドッと笑う声を誘導しました。2

年生の子どもたちを一斉に笑わすのは、そんなに難しいことではありません。コツをつかむと、子どもたちは笑い声をあげました。

　みんなが一斉にドドッと笑う瞬間に立ち会ったYちゃんは、ニコッとしました。そして気が付くといつの間にか自分の席について、みんながドドッと笑うタイミングを待つようになっているのです。そうして、授業中に席に着くようになってきました。あれやこれや試みて、席に着かせようとしましたが、うまくいかなかったのにです。

　それまでYちゃんはクラスの子どもたちには関心がなかったと思っていたのですが、そうではなかったのでした。しばらくしてから、これが子どもは子どもの中で育つことなのだと、じわじわと心にしみてきました。

12話　先生　Cちゃん　うなずいたよ

入学後間もない1年生の子が登校するなり私の顔を見て、息をはずませながらのことばです。私も思わず「すごい、おはようが届いたんだね」と、感動したのです。

Yちゃんの次は、1年生に入学したCちゃんの担任となりました。Cちゃんは、いつも紐を握って振り遊ぶことに夢中です。ことばはまだでしたが、クラスの雰囲気を見ながら行動しようとする気持ちは見えました。そこで、なんとか気持ちのやり取りをしたいと思っていました。

私は、養護学校時代に言語治療教育に力を入れていました。スピーチセラピストの資格も持っていました。いろいろな専門書を読み、指導法を探りました。そこから、気持ちを伝える場面を設定する言語指導を考えました。例えば、困った場面を設定し何らかの助けを求める声を出したら助けが得られるなど、本人の好きな食べ物を手の届かない棚の上に置き、声を出したら取ってあげるなどです。声を出すと都合がいい、便利だと思うように仕向けます。そこから気持ちのやり取りや会話を引き出そうとしました。

こうした場面設定をした言語指導により、自閉症の子が「おはよう」と返してくれるようになった養護学校での経験がありました。母親は会話のやり取りができたと感激し、朝だけでなく日中も「おはよう」と声をかけ、「おはよう」の声が返ってくるのを喜んでいました。父親は仕事から帰えると寝ている子のそばで、夜なのに「おはよう」と声をかけ「おはよう」と返される声を聞いていたそうです。会話を交わすことが楽しかったのでしょう。声かけに対する反応でした。

この「おはよう」の経験を思い出して、子どもたちに登校途中でCちゃんと出会ったら、「おはようと声かけて」と呼びかけました。すると40人近くの子が、Cちゃんに向かって「おはよう」の挨拶を始めました。大きな声も小さな声もあり、遠くからも近くからもあり、肩をたたきながらも顔を覗き込みながらもあり、1回でなく何回も繰り返す子もありと、多様な「おはよう」の場面が見られたのです。子どもたちからの「おはよう」は、言語指導の挨拶でなくリアルな挨拶でした。

そんなある朝でした。「先生、Cちゃんうなずいたよ」と、息をはずませて報告に来た子がいました。なんと入学してひと月もたたない5月の連休前でした。やはり本物の挨拶はすごい。場面設定でない朝の登校場面です。多くの友達からの挨拶攻めにあって、Cちゃんも何か対応せざるを得なかったのでしょうか。それからでした。挨拶をすると、挨拶を返してくれるようになりました。朝だけではありませんでした。「さよなら」もでした。ことばって気持ちのやり取りです。「子どもは子どもの中で育つ」をかみしめた場面でした。

昨今、情緒障害や発達障害の治療法として、

ＳＳＴやビジョントレーニング、コグトレが取り上げられています。１９８０年代に自閉症やアスペルガー症候群、ＡＤＨＤが言われ始めた頃も、いろいろな治療法が注目されました。今はその時の状況によく似ています。しかしこうした診察室や訓練室の中の方法は、その場では効果がありますが、実際の生活の場では生きなかったと思っています。養護学校での言語治療と、普通学級でのＣちゃんのうなずきから、改めて思いました。

＊ＳＳＴ（ソーシャルスキルトレーニング）
＊ビジョントレーニン（見る力を育てていくトレーニング）
＊コグトレ（認知機能に特化したトレーニング）
＊ＡＤＨＤ（注意欠如・多動症）

13話　共に学ぶレポートではない——

東京都教職員組合の研究集会でした。小学校に移ってから、初めてレポートを出しました。Yちゃんや Cちゃんの普通学級での成長の実践報告です。この報告に言われたことばです。

東京都教職員組合10支部主催の「共に学ぶ」を課題とした研究集会でした。養護学校時代にもレポートを出してきましたが、小学校に移ってからは初めてでした。YちゃんとCちゃんの実践です。Yちゃんの時は試行錯誤の連続で実践をまとめる余裕がなかったのですが、Cちゃんは2人目でしたので、指導の手だても何とか考えられるようになりレポートを出そうと思ったわけです。

Yちゃんの「もう一回笑って」やCちゃんの「先生、Cちゃんがうなずいたよ」をまとめた実践です。普通学級のなかで、障害児がこのように成長したと報告しました。

このレポートに対し、「これは共に学ぶレポートではない」と指摘を受けました。YやCの成長の様子はわかるが、YやCのクラスの子どもはどう変わったのか、クラス集団はどう変わったのか、学校はどう変わったのかという視点が欠けていると言われました。部落解放教育研究会の方からの指摘でした。

私はその場では指摘の内容がよく理解できず、とても気持ちが落ち込みました。普通級での共に学ぶ教育は、養護学校教育に劣らない成長をする実践報告だとして取り組んだからです。この実践報告を批判されたのなら、普通学級の共に学ぶ教育の意味が分かりませんでした。

後になってじっくりと考えました。すると、「どの子も共に」といいながら、障害児の成長の視点のみの実践だったと気づきました。私の実践報告は、Yちゃんや Cちゃんが普通学級でいかに成長したかであって、Yちゃんや Cちゃんのいるクラスの子どもたちの成長がありませんでした。障害を取り除くのは社会だとする社会モデルからすると、クラスの子どもたちがYちゃんやCちゃんとどうかかわったのかの視点が欠けていました。部落差別に取り組む解放研の方たちの指摘に納得しました。

それからです。障害のない子が障害のある子をどのように受け止めたのか、共に学ぶ視点が育ったのかを意識した実践に取り組みました。

東京大学教授の小国善弘さんは「学校教育は医学モデルのまま。教職課程の学生は、医学モデルの特別支援教育概論の2単位が必修となっているので問題である」と指摘しています。

現在も教育の場では、障害を克服するのは本人の努力だとする考え方で教育がすすめられています。教育の場に、障害の社会モデルの考え方を広めなくてはと思いました。

＊東京都教職員組合10支部　東京都教職組合の中の、共に学ぶことをめざした10の支部。

14話　ぼく　字を覚えているから国語の勉強しない――

入学したばかりのDちゃんは、授業中に教室から出て廊下でごろごろと寝そべって過ごしています。教室に入るように声をかけると、こう言って授業に参加しないのです。

1年生の担任が続きました。1年生は、1学期にひらがな文字の読み書きの学習をします。5月の連休明けでした。Dちゃんは、「ぼく、字を覚えているから勉強はしない」と言って、国語の時間になると教室から出て廊下でごろごろと寝そべって過ごしています。

1年生の教室はどこの学校もたいてい職員室の近くにあって、教職員の目の届きやすい場所にあります。だから1年生の教室前は、教職員の行き来が多いです。それで通りがかりの教職員たちが寝そべっているDちゃんを見て、「廊下でごろごろしている子がいるけど」と声をかけてきます。私はその度に教室に入って椅子に座るように言うのですが、聞き入れてくれません。「ごろごろするなら教室の中でしたら」と譲歩しましたが、これも受け入れてくれません。どうにもならず、そのまま様子を見るしかありませんでした。

今の小学校で授業中に廊下で寝そべっている子がいたら、障害があるのではと問題視されるでしょう。その頃の学校はそんな彼をそのままにしておいても、担任の指導力のなさを指摘するような雰囲気や障害の発見につなげるような動きはありませんでした。でも私はこのままでいいのかと常に自問自答していましたが、どうにもなりませんでした。無理やり教室の中に連れ込むこともしませんでした。

ところがです。2学期になって、ひらがな文字学習が終わりカタカナや漢字が入るようになった頃でした。Dちゃんが「そろそろ勉強するか」と、教室に入り椅子に座るように変身したのです。驚きました。あの時の学校の雰囲気が私やDちゃんに向けて厳しいものであったら、無理やり教室に連れ戻し椅子に座らせていたら、どうなっていたのだろうか。彼はきっと学校が嫌になり、登校を渋るようになっていたのではないだろうか。Dちゃんを信じていたといえばうそになりますが、「字を覚えているから」の彼のことばに寄り添ってみるしかないとそのままにしていてよかったと、後になって思いました。

同じような経験がありました。日野市の小学校でのことです。登校時は友達とおしゃべりしていたEさんが、校門をくぐった途端に会話をしなくなるのです。私はなんとか会話を交わしたいと思い、機会を作って声をかけました。でもうなずいたり首をふったりの意思表示です。返答に困る時は友達に顔を向けると、代わりに友達が通訳をします。場面緘黙《ばめんかんもく》といわれていました。

母親に相談したところ、「先生、私もそうでした。話すようになるまでそのまま見守っていてください」と返ってきました。腑に落ちなかったのですが、返すことばもなくとりあえず「そうか」と思い、その後は気にせず接するようにしました。返事がなくても私が勝手に解釈し、本人が理不尽だと受け取ったらその時はその時だと考えるようにするしかありません。そんな日々が続きました。

するとある日、Eさんが友達と話している場面に遭遇したのです。「えっ、話している！お母さんの言ったとおりだ」そう思いました。その後、Eさんは友達と会話をすることが増え、私の問いかけにも応えてくれるようになりました。会話数は少なく声も小さいのですが、場面《ばめん》緘黙《かんもく》することなく高学年に進んでいきました。治療やカウンセリングなんか勧めなくてよかったと思いました。

私も含めて教員は、自分のペースに引き入れようとしがちです。子どもの成長を見守る余裕がないのです。指導力がないとみられ、同調圧力がかかるからです。

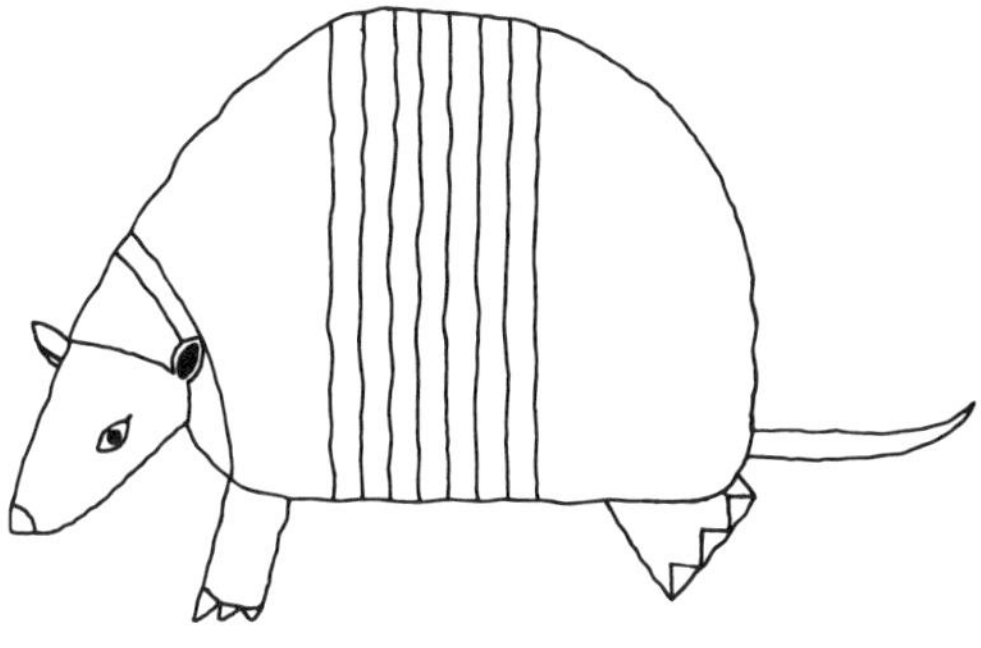

15話　これ 私が作ったんじゃない

大きな行事である作品展が近づいていました。風邪で休んでいて、作品作りが遅れたMさんと放課後一緒に作品を仕上げました。そのでき上がった作品を見てその子が言ったことばです。

2年生のMさんは風邪でお休みが続き、作品展に出す粘土細工の作品作りが遅れました。それで放課後に作品を作ることになりました。

私はそばについて、いろいろと助言をしました。私とMさんの1対1でしたから、丁寧に指導ができると思いました。私は、養護学校の経験からか細かいところまであれこれと口を出し手も出して指導する傾向があると自覚していました。それで、Mさんはしっかりした子ですので、配慮しながら指導しました。しかし、ついつい「そこはこう直したらいいんじゃない」等とあれこれ作品を直すように声をかけました。その子も私の助言通りに、作品作りを頑張っていました。私もその気になって、更に丁寧に指導しようと試みました。

すてきな作品が仕上がりました。それで「頑張ったね、上手にできたんじゃない」とことばをかけました。すると、その子は、ぽつりと「これ、私が作ったんじゃない」とつぶやいたのです。えっ！　そんな？　ドキッと胸に刺さりました。その後どういう対応をしたのか、覚えていないのですが、作品展にはその作品を出しました。その子はどんな気持ちで自分の作品を見たのでしょうか。今思い起こしても、心穏やかではありません。

養護学校では、口を出し手を添えて指導することは当たり前のことでした。その子の力を出せるように細かく丁寧に指導することが求められました。自由に任せているといいものができているのに作品をダメにしてしまうこともあり、途中で止めさせることまでやっていました。それが行き届いた指導だと思っていたのです。

ところがです。Mさんは私の助言を受けて仕上げた作品を見て、自分の作品ではないとつぶやいたのです。Mさんが作りたかったものではなかったのです。もっと自分なりの作品作りがあったのでしょう。指導は、私の望むような作品を仕上げるものだったのです。

私の指導は、教師主導型で養護学校教師の体質から抜けていませんでした。自分でも気を付けていたのでが、Mさんの「先生、これ、私が作ったんじゃない」で、教えられました。このことばは、教員生活の間ずっと離れませんでした。今でも忘れられません。

16話 「ために」から「共に」へ

「共に」は新たな視点でした。今は新聞でもテレビでも、いつも目に触れるようになっています。八王子保育・教育を考える会の会報「共に育つ」に連載された小野哲郎さんのことばです。

小野哲郎さんの「ために」から「共に」は、保育・教育を考える会の会報「共に育つ」に65回連載され、1995年12月まで続きました。サブタイトルに、「保育・教育を考える会私史」とあります。その時々の状況を、「ために」から「共に」への視点で問題点を提供してくれました。

私は市内の小学校に転勤した1981年頃から、八王子保育・教育を考える会に関わり始めました。この会には、地域の学校を希望する子どもたちを受け止めようとする市内の小・中学校の教員たちがいました。就学時健診や就学相談で、障害児学級や養護学校の対象児だとされた親子に普通級就学を勧める市民運動をしていました。会報を発行し、40数年がたっています。

小野さんがこのタイトルを使った頃は、まだ目新しいことばでした。「共に学ぶ」も「共に生きる」も、学校教育や社会の在り方を見直す視点となりました。私はこの「ために」から「共に」が気に入っています。養護学校の教員になろうと思った時の私は、「障害者のために」でした。それが「ために」が批判されるようになり、

「共に」だと気づきました。養護学校から小学校に変わろうと思ったのも、その一歩を踏み出そうとしたからです。

小野さんのこのことばはもうだいぶ前なのですが、今の状況にも問いかけられています。1990年代の「ためにから共に」と2020年代の「ためにから共に」の内容は、どのような変わり方をしているのでしょうか。

今「共に」は、あちこちでキャッチコピーとして使われています。特にオリンピック・パラリンピックで多様性や共生が掲げられて以来です。オリ・パラが終わって、多様性が認められるようになり「共に」が進んだのでしょうか。疑問を感じます。

学校をはじめいろいろな場で、さらに細かく人々を分断することが加速しています。「新しい時代の学び」としてデジタル改革やGIGAスクール構想の中に「個別最適な学び」が挙げられています。福祉の場でも「個別支援計画」が強調されています。

「個別」と「共に」が、相反するものになっています。「個別」と「共に」の内容をもっと問い直さねばならないと思います。

＊八王子保育・教育を考える会　養護学校義務化の前年1978年11月に発足。八王子養護学校や八王子市内の小・中学校の教職員、そして保育園・学童保育所の職員たちと普通学級就学を望む親たちが「どの子も地域の学校へ」を求めて立ち上げた。

17話　ここで 脱いじゃダメ

Tちゃんは、教室でパンツ一枚になってからトイレに行きます。この時、クラスの子たちはびっくりして大騒ぎとなり、こう叫んだのです。

Tちゃんのトイレ時間になると、クラスの子たちは手で目をふさいだり、Tちゃんから遠ざかったりして、教室中大騒ぎになりました。3年生の子どもたちですから、パンツ姿になるTちゃんを見ていられないのです。男の子たちはおもしろがっているのですが、女の子たちはそうはいきません。こんな騒ぎが、休み時間になるとおこっていました

東京都の強制人事異動で、八王子市から日野市に転勤しました。異動先の小学校でも、障害児がいるクラスを担任しようと希望しました。それまでの小学校では、学級担任を決めるのに職員会議で教員たちが意見を出しあいました。転勤先の小学校は、校長からの任命でした。強制人事異動と一緒に学校運営も上意下達となり、職員会議も決定機関から連絡調整の場に変えられました。どの学校からも教職員が話し合って決めるという雰囲気がなくなっていきました。東京都教育委員会の方針でした。私は八王子市内なら顔なじみの仲間も多かったのですが、日野市には知り合いもなく学校の様子も全く手探りの状態でした。

休み時間に職員室にいた私は、クラスの中でそんな出来事があったのに気がつきませんでした。子どもたちから「Tちゃんね……」と様子を伝えられてから、この騒ぎを知りました。それで休み時間は教室にいるようにして、Tちゃんをトイレに連れて行きました。でもTちゃんは、休み時間にいつもトイレに行くとは限りません。

Tちゃんが教室でパンツ一枚になり、トイレに行くことは止まりませんでした。私は多分家でも同じようではないかと思い、母親に聞いてみました。やはり小さい頃より部屋の中でズボンを脱いでから、トイレに行っていました。そうか、家でやっているなら学校でもそうだなと思いました。それで母親と、家でも学校でもトイレに行ってからズボンを脱ぐようにしようと相談しました。

さて学校ではどうしようか。いつも私が教室にいるとは限らないので、クラスの子どもに協力してもらう経験を生かそうと試みました。子どもたちに、Tちゃんがズボンを脱ぎそうになったらみんなでトイレに連れて行くように頼みました。

「Tちゃん、ダメ」「ここで、脱いちゃダメ」、みんな大騒ぎです。Tちゃんがズボンを脱ぎ始めるとそばに寄り集まり、みんなでズボンを抑えたり、手を引っ張ったり背中を押したりしてトイレに連れて行きました。子どもたちは、なんだかおもしろがっているように見えました。誰かがTちゃんがトイレに行くそぶりを見つけると、声を出してみんな知らせていました。声を聞いたみんなはTちゃんの周りに駆け寄ります。そんなことがしばらく続きました。

何回か繰り返しているうちに、騒ぎが小さくなりました。そして、Tちゃんは教室でパンツ一枚にならなくなりました。みんなから止められ大騒ぎになるので、脱ぐこともできなかったのでしょう。そのうち、こんな騒ぎがなくなりました。そしてTちゃんは教室でなくトイレに行ってからズボンを脱ぐようになっていたのです。子どもたちの結束力はすごい。今でも子どもたちの叫び声が聞こえてくるようです。もちろん家庭でもトイレに行ってからズボンを脱ぐようになっていました。

＊強制人事異動　教員の異動は、本人の希望ではなく教育委員会の命令となった。同一校勤務は10年。勤務地は都内を3地域に分け、その3地域を経験することが強制された。

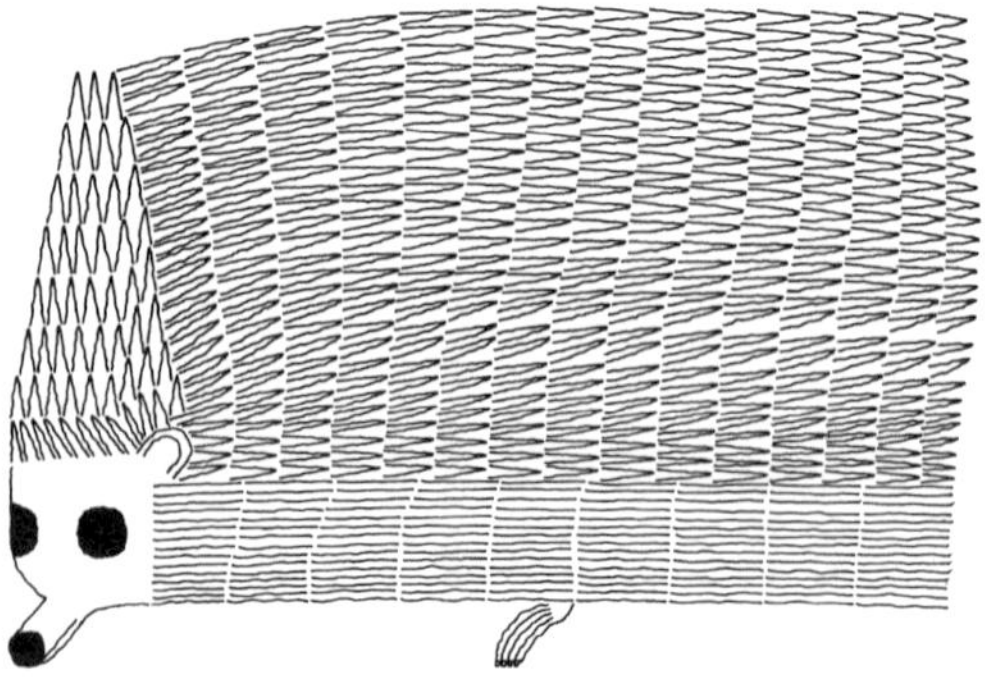

18話　私　養護学校義務化世代ですから

八王子地区の障害者就労・生活支援センターの職員さんが、ふとつぶやいたことばです。

この方は、養護学校義務化（1979年）の頃、小学生だったと言っていました。


「ヘルパーをする人が少なく、探すのに苦労している」

「ヘルパーが、障害者とのつきあいかたがつかめずトラブルを起こす」

「ヘルパーがいなくて、障害者が地域で生活しにくい現状にぶつかっている」

八王子の障害者就労・生活支援センターの職員の方と話す機会があり、こんな問題を投げかけられました。

「これは、日頃から障害者と健常者の交流がないからではないか。自分の小学校時代に養護学校が義務化されて、障害児は普通学級から離れていった。今その世代が30代となり、子どもたちの親となっている。ヘルパーとしても働ける世代にもなっている。子どもの頃はあまり意識しなかったが、今思うと私たち世代は障害者を分けることがベターだとする考え方が刷り込まれてきたのではないか。そして子どもの頃から障害者と付き合う機会がないため、付き合い方がわからない。自分もそうだが、こうした考え方を刷り込まれた世代を養護学校義務化世代と考えている」

私の受け止め方も入っていますが、たしか彼女はこのように言っていました。

もうだいぶ前（２０００年）のことです。養護学校義務化ということばが忘れ去られた頃です。障害者就労・生活支援センターの職員さんから「養護学校義務化世代ですから」と、こんなことばが出てくるなんてと思いました。

養護学校義務化が普通学級の子どもにどんな影響を与えるのかを考えなかったので、驚かされました。あの頃小学生だった世代が、働く世代となり子どもの親となって、「分けることが当たり前だと思って育ちました」と言われたのには驚きました。養護学校義務化は普通学級の子どもたちにこうした影響も及ぼしたのだと知らされました。

次は、「私たちは、特別支援教育世代です」なんて、20年後30年後に言われるかもしれません。障害児だけでなく、すべての子どもを能力で分け隔てることが当たり前と思う世代となるのでしょうか。

ＡＤＨＤ、高機能自閉症、広汎性発達障害、アスペルガー症候群、学習障害、コミュニケーション障害、書字障害等と、次々と新しい「障害名」が出てきます。教育関係の雑誌を見るたびにえっ？　と思う新しい呼び方を見つけます。学校も家庭も、学習面・生活面・コミュニケーションや言葉遣い・対人関係など、気になることを見つけ出し、専門家の診断を求めます。専門家は何らかの診断名をつけてきます。

そして、専門家の指導で治療や療育が始まります。そこから「多様な学びの場」や「個別最適化」、「ニーズによる支援」が必要だとして、子どもたちが分断されています。

集団の中で同じ行動がとれない子に、「〇〇病」じゃない？「〇〇障害」じゃない？という見方が刷り込まれていきます。すでに教育現場ではこの刷り込みが始まっています。特別支援教育世代には、みんなと同じ行動ができないとすぐ分けられる見方が刷り込まれていくのでしょうか。

養護学校義務化世代と特別支援教育世代とが社会を担うようになることを考えると、共に学ぶことをもっと強く言い続けなければならないと思います。

19話　Sちゃんだけずるい　ぼくたちも教室から飛び出したい

Sちゃんは授業中に、ふらっと教室を飛び出します。授業中に教室からの出入りが自由なSちゃんを見て、クラスの子が訴えたのです。

強制人事異動で、調布市の小学校に異動しました。転勤3年目に「特別支援教育対象児」とされた高機能自閉症のSちゃんの担任となりました。調布市は、２００４年から東京都の「特別支援教育体制モデル事業」を受け、特別支援教育体制整備の実践的研究に取り組んでいました。「特別支援教育対象児」の担任となって、いろいろな制約がありました。特別支援校内委員会に参加したり個別支援計画を作成したり、専門家の巡回指導を受けることになります。

Sちゃんのクラスは、学級崩壊寸前と言われていました。2年生から担任となった私は、この学級をどうまとめていったらよいのか試行錯誤でした。Sちゃんは授業中に、ふらっと教室を飛び出します。最初は探しに行きましたが、探している間に教室内がざわつくので、他の職員にSちゃんの様子を見てもらうことにしました。

すると「Sちゃんだけずるい」「ぼくたちも教室から飛び出したい」と子どもたちから不満が飛び出しました。あまりにも不満の声が多く教室内がざわつき授業を続けられないので、つい「みんなも勉強が嫌だったら、飛び出してもいいよ」と言ってしまったのです。すると、なんと男の子たちがこぞって教室から飛び出して行ってしまいました。一人二人ぐらいだと思っていましたが、まさかこぞって出て行くとは予想もしませんでした。

「しまった。失言だった」、でも後の祭りです。心穏やかではありません。何とか平静を装って、残った子たちと授業を続けるしかありませんでした。

するとです。しばらくして、一人二人と戻ってきたのです。えっ、どうして？　飛び出してもいいよといったのに。ホッとしながらも、訳を聞くと「外に行ってもおもしろくない」と言うのです。「他の先生に注意された」「教室に戻れと怒られた」と口々に訴えるのです。そのはずです。休み時間と違ってシーンと静まり返った授業中の校舎内では、子どもたちは自由にすることなどできません。騒ぐと近くの教室の先生から注意されます。校庭で遊んでいると、体育授業のじゃまになるので自由に遊べないし、走り回ることもできません。ここでも教室に戻るよう注意されます。何もすることがなく、戻ってくるしかなかったのでしょう。

Sちゃんは授業中に飛び出してもおもしろいんだけど、ぼくたちはなんにもできなくておもしろくもない、怒られるだけだ、そう感じたようでした。それ以来Sちゃんの自由行動について何も言わなくなりました。ふと漏れてしまった私のことばが、こんな結果になるなんて予想できませんでした。その後私は「Sちゃんにいいことはみんなもいいよ」を生かしていこうと試み始めたのです。

＊高機能自閉症　　知的発達の遅れを伴わない自閉症。

＊特別支援教育　　文科省は２００７年に特殊教育を特別支援教育に制度を改定した。特殊教育は障害の程度に応じた指導を行うが、特別支援教育は個々の教育的ニーズに応じた適切な教育的支援を行うとした。対象児を特殊教育の１％から10％に広げ、ＬＤ・ＡＤＨＤ・高機能自閉症を含めた。

＊特別支援教育体制　　校内に①特別支援教育校内委員会の設置　②特別支援教育コーディネーターの指名　③特別支援教室の設置　④巡回指導　⑤就学支援シート作成　⑥個別支援計画の作成　⑦副籍制度を導入

20話　パス　パス　パス

「Sちゃん、本読めるのに順番がきても読まないよ。Sちゃんだけずるい」の声は続きました。私の「みんなもいやだったらパスしたら」に対して、子どもたちから返ってきたことばです。

続いてSちゃんのことです。

授業では順番に本を読んだり、答えたりする場面が多くあります。国語の本読みなどがそうです。前に出て黒板に答えを書くこともあります。どの教科にもそんな場面があります。Sちゃんは、自分の番がきても本を読みません。どの授業の時も、やったりやらなかったりします。するとやはり「Sちゃんだけずるい」が聞こえてきました。

私は、先の「Sちゃんだけずるい」の経験を活かそうと試みました。それでSちゃんに認めることはみんなにも認めようと思ったのです。Sちゃんに本読みしないことを認めるなら、他の子にも読まなくていいことを認めることにしたのです。そしてどの子に対しても「本読みする？　それともパスする？」と聞きました。そしてこれをパスの権利だとし、どの子も使っていいことにしました。

やはりはじめはおもしろがって、子どもたちから「パス」「パス」が続きました。でも予想した通り、だんだん少なくなりました。はじめはめずらしくておもしろがるけれど、そのうち元に戻るとこれまでの経験から予想がつきました。

でも新しい発見がありました。私に、パスをする子とパスをしない子の予想がつくようになりました。こんな発見があるのだと思いました。パスをする子は、本読みが苦手だったり答えがわからないのです。パスをしない子は、本読みも好きだし答えも発表したいのです。この発見は思いもしないことでした。それでパスをする子への指導を工夫することにしました。声かけを多くしたり、放課後や休み時間に見てあげたりしました。パスをする理由が思い当たらない時は、その理由を探りました。パスの権利は、私がクラスの子の実態を知る機会になったのです。

同じような経験がまだあります。小学校での給食は班になって食べます。Sちゃんは私のそばに机を持ってきて一緒に食べていました。そんなSちゃんを見て、やはりクラスの子は「Sちゃんはいいなあ、先生と一緒に食べて」と羨むのです。そこで、「みんなもどうぞ」と言うと、一緒に食べる子が出てきました。はじめは2、3人でしたが、そのうち人数が増え、私の机の周りはごった返しました。でもやはり長くは続きませんでした。先生の周りで食べるより、友達と一緒の方がいいに決まっています。一人二人と元に戻りました。すると、Sちゃんも自分の場所に戻るようになって、友達の中で食べるようになりました。

「共に育つ」ことは、Sちゃんに視点をあてるのではなく、クラスの子どもへの視点も欠かせません。個別指導計画でなく共育指導計画ならあってもいいかなあ。でも計画というより思いつきの指導でした。いつの間にかそうなっていたのです。個別支援計画は、やはり個別に行う指導です。私は、結局最後まで個別支援計画は書けず、校長に提出しませんでした。巡回指導も断り続けました。

この年この学校を最後に、私は退職となりました。

Sちゃんは小学校をみんなと一緒に卒業しました。

21話 うちの子 障害児になっちゃった

小学校・中学校と普通学級で育ったHさんは、養護学校の高等部に行きました。入学して間もない頃、母親にHさんの様子を伺うとこんなことばが出てきたのです。

保育・教育を考える会の定例会でした。お母さんから養護学校でのHさんの報告がありました。

このことばにみんなびっくり。「障害児になったって！　どういうこと？」と聞き返しました。お母さんは、「だってHったら、全校集会の時ちゃんと並ばないで、ウロウロと歩き回っているの。それと家に帰ってきて、ぐるぐるまわり（体を回転させる動き）なんか始めるから」と言うのです。「中学校の時は、みんなと同じようにきちんと並んでいたし、意味のないぐるぐるまわりなどしなかったのに」でした。

それが例会参加者の話題になりました。中学校の時のみんなと同じにすることはきちんと並ぶことで、養護学校でのみんなと同じにすることは自由に動き回ることではないかということでした。ぐるぐると回る動作も、自閉的な子の真似ではないかとなりました。

Hさんは、周りの雰囲気に合わせるのが上手でした。友達の動作を見て、自分もみんなと同じようにしようとする気持ちが見えました。みんなが笑うと、Hさんも声を出して笑います。

みんなが怒ると、大声を出して怒ります。これはHさんと接した人は誰でも感じていました。周りの友達の行動を手本にして、自分のするべき行動を決めてきたのでしょう。中学校では集会時にはきちんと整列して並び、養護学校では勝手に歩き回っても、Hさんにとってはこれまでと同じ生活行動なのかもしれません。

そういえば、私にも同じような経験がありました。養護学校から小学校に移った時、学校の行動様式がわからず、どんな行動をとったらよいのか迷いました。学校には決まったルールがあって、チャイムの合図で動き始めることが多いのです。そこで周りの職員や子どもたちの行動を見て、それを真似ることにしました。このチャイムの合図ではどう動くのか、このチャイムではどこへ集合したらよいのか等、とても参考になりました。Hさんと同じだったなと思いました。

お母さんの「障害児になっちゃった」を聞き、きっとHさんは「なんかこれまでの友達と違うんだよね」と思っていたのかもしれません。養護学校では養護学校での行動様式を真似たのであって、改めて養護学校の問題点を見つけたのです。

Hさんは養護学校卒業後、働く場所を求めて立ち上げたNPO法人結の会の初めの一人となりました。

＊NPO法人結の会　保育教育を考える会が、卒業後を考える中で障害のある人もない人も共に働く場を作ろうと1984年に立ち上げた。

22話　上の子 下の子 気になる子

学校に習熟度別授業が取り入れられた頃です。普通学級で気になる子探しが始まりました。大谷恭子さんが、「気になる子って青春時代にね、いい意味で使っていたのにね」と笑って言いました。

２００2年頃から、学校では「気になる子」探しが始まりました。教職員には「気になる子」を見つけるための研修が進められました。

ゆとり教育で学習内容の削減が提唱された結果、学力が低下したとされて学力向上が求められました。文科省は学力向上フロンティア事業を開始し、学力向上フロンティアスクールを指定しました。習熟度別指導の徹底です。

習熟度別指導とは、子どもたちを習熟度ごとのグループに分けて指導します。それで子どもを、上の子・下の子と区分けするようになりました。算数の授業から始まりました。

全国学力テストも２００７年に43年ぶりに全員調査が復活させられました。かつて多くの反対の声の中で廃止された学力テストです。関係者には、市区町村ごと・学校ごとに成績順が報告されていると聞きました。関係者というのは、教育委員会の人たちとか学校長たちです。したがって学校長は自分の学校の順位を知るわけで、少しでも順位を上げるような学校体制を作ろうとしました。

こうした学力向上の流れの中、子どもを成績順に上の子・下の子に分け、加えて「気になる子」を見つけ出す傾向が強まりました。「気になる子」とは、みんなと同じ行動がとれない子どもです。「気になる子」を学力テストの対象から外すということまで出てきました。「気になる子」探しを今風にカタカナことばで言うと、「スクリーニング」です。

八王子市教育委員会の特別支援教育宣伝リーフレットによると、「年度末や年度始めに全校体制で全校児童・生徒を対象にスクリーニングを実施しましょう」とあります。それは、どの学級にも対象となる児童生徒がいる可能性があるとし、支援を待っている子、困っている子を見つけ出して、個別指導計画を立て、通級・特別支援学級・学校の紹介をしようというものです。

尚、教員向けの資料に、「気になる子」には〔ことばの遅れている子・社会性のない子・不器用な子・こだわりのある子・コミュニケーションが不得手な子〕の特徴があると書かれています。その子たちは〔自閉症・高機能自閉症・アスペルガー症候群・ADHD・LD・広汎性発達障害・知的障害〕なので、特別支援教育の子としてスクリーニングしようとあります。

特別支援教育が制度化された２００７年からこうした動きが始まりました。行政の動きに合わせて民間の研究団体や教育団体もこの制度を促進しました。「気になる子」向けの学習塾が増えました。

学校の中には気になる子はたくさんいます。挨拶の声の大きい子・クイズの好きな子・ドッジボールの強い子・気持ちの優しい子・何か集めることが好きな子・何にでも積極的な子等など個性的です。気になる子探しは、子どもたちのいいところ探しでもあります。いいところを見つけると関わりが楽しくなります。いっぱいいいところを探して、そのいいところをのばしていきたい。私はそう思って子どもたちとかかわってきたと思っています。

　大谷さんのことばのように、いい意味で使いたいものです。

＊大谷恭子　弁護士　２０１０年に内閣に設置された「障がい者制度改革推進会議」のメンバー。金井康治さん・光菅和希さんの裁判をはじめ、教育関係の障害者差別問題に積極的に取り組んでいる。障害児を普通学校へ・全国連絡会世話人。

23話 このクラスに車いすの子がいれば すぐにできます

車いすユーザーの小野和佳さんが、小学校で東日本大震災の被災体験を語りました。講演後、6年生からの質問「どうしたら車いすを使えるのですか」に答えたことばです。

小野和佳さんとの出会いは、東日本大震災の障害者救援活動です。あの2011年3月の東日本大震災の時、ゆめ風基金とDPI日本会議と全国自立生活センター（JIL）が中心となって「東北関東大震災障害者救援本部」を設立しました。私は2011年3月に退職後の再雇用教員をやめフリーとなったので、障害者救援活動に参加しました。そして救援本部が閉じるまで5年間関わりました。

障害者救援活動を通して、救援活動をする障害者の方たちや被災された障害者の方たちとの多くの出会いがありました。特に大人の障害者の方たちとの関わりは、初めての経験でした。それまでは先生と生徒という関わりで、立場が上下関係でした。

大人の障害者との関わりが全くなかったわけではありませんが、集会や裁判や抗議行動の場でしたので、話題も行動も限られていました。救援本部では救援活動は言うまでもなく、日常生活の話題がありました。江の島に釣りに行ったとかライブに行ったとか、おしゃれグッズを買いに行ったとか、髪形を変えたとか、旅行を楽しんでいるとか、車いすのデコレーションを考えているとか、飲み会にも一緒に行きました。それは、私にとって新たな出会い新たな経験でした。

10月になって、救援本部に八王子市内の小学校から障害者の被災体験を子どもたちに語ってほしいと依頼がありました。講演は、福島県のいわき市から神奈川県に移住してきた小野和佳さんが受けてくれました。私は知り合いがいた学校でしたので、案内役として同行しました。

小野さんは、津波で流された仲間のこと、避難所に行けなかった仲間のこと、食べ物もなくなり病院にも行けず、いわき市では生活ができずとりあえず東京に避難したこと、原発事故で住民が避難してヘルパーがいなくなり生活できない障害者のこと、同じ避難所にいられず避難所巡りを繰り返すしかなかったこと等など、被災障害者の避難生活を伝えました。最後に「震災はいつ起こるかわかりません。大事なのは隣近所の人たちで助け合うことです。自分の地域に障害者がいることを知っておくことです。そして日ごろから関わってください」と伝えました。

講演が終わって質問の時間に、6年生がさっと手を挙げ、「どうしたら車いすを使えるのですか」と聞きました。私は小野さんの気持ちが通じて、障害者の支援をしようと思い車いすの操作の仕方を質問したのだと思いました。そして、小野さんが車いすの使い方をどのように小学生に説明するのだろうと、返答を待ちました。

ところがです。小野さんの答えは「このクラスの中に車いすの子がいれば、すぐにできます。

一緒に避難できます」でした。うーん！　私はもうびっくりでした。車いすの操作の仕方ではなかったのです。

学校では障害者理解として、アイマスクをつけ校内を歩くとか車いすの扱い方などの体験学習をします。体験ではなく、共に生活する中で獲得するものだと言い切った小野さんのことばは忘れられないものです。私も障害者と一緒に活動する中で、付き合い方がわかってきたことを思いました。

＊ゆめ風基金　阪神淡路大震災を機に、自然災害の被災障害者を支援しつづけているNPO法人。

＊DPI日本会議　障害の有無によって分け隔てられることのない共生社会を実現するための取り組みを進める障害当事者団体。

＊JIL（全国自立生活センター協議会）障害者の自立生活を実現させるためにサービスを提供し、自立生活を進める運動をおこなっている。東日本大震災時、障害者救援本部がおかれた。

24話　ポジティブな障害者だね

海老原宏美さんの話が終わった後、6年生の女の子が私に話しかけてきました。「楽しそうじゃない！　ポジティブな障害者だね。障害者って大変そうに思っていた」と。

海老原宏美さんとの出会いは、東日本大震災の障害者救援活動です。被災地の障害者の避難生活をとったドキュメンタリー映画「逃げ遅れる人々」の上映会の打ち合わせの場でした。その後海老原宏美さんから出前授業をしたいので、どこか小学校を紹介してほしいと依頼されました。私は知り合いのいる八王子市内の小学校を紹介し、同行しました。

教室の中で、海老原さんが自分のことを語る授業でした。人工呼吸器や車いすは自分の体の一部となっていること、ヘルパーの支援を受けて一人暮らしをしていること、学校時代や留学したこと、今では海外旅行を楽しみにしていること、障害者運動に関わっていること等など、盛りだくさんでした。子どもたちは、海老原さんが楽しそうに語る姿に驚いていました。八王子駅で親切そうなおばさんから「呼吸器をつけているのに、入院していなくていいの？」と声をかけられたと、苦笑いをしながら話したのも印象的でした。呼吸器で息を整えながらも海老原さんは、元気に明るく語るのです。

終了後に6年生の女の子が私に「海老原さ

んって、ポジティブな障害者だね」と話しかけてきました。「障害者なのに楽しそうじゃない！障害者って大変そうだと思っていた」というのです。人工呼吸器をつけ車いすの海老原さんの楽しそうな生活ぶりに驚いたそうです。

この話をNPO法人「結の会」でしたら、職場体験に来た中学生のことが話題になりました。学校から体験先が知的障害者の作業所だと聞き、老人ホームのようなところをイメージして障害者のお世話をするのだと思っていたというのです。それが紙すきをやったりジャムを作ったり、タウン紙のポスティングなどを楽しそうにやっているので驚いているというのです。小・中学生の子どもたちから見える障害者とは、暗いイメージなのだと思いました。

子どもたちだけではありません。結の会の事業所を立ち上げた当初、周辺の母親たちから「この事業所に来る障害者ってどんな人たちですか？」との声があり、見学してもらいました。すると「障害児を持つ親たちがこんなに明るいなんて驚きました」という感想がありました。

障害者というと、障害で苦しんでいるとか必死で頑張っているというイメージです。ポジティブな障害者に驚くようです。私も含めてですが、日常の生活の中に障害者と健常者が接する機会も場もないからです。

＊海老原　宏美　NPO法人自立生活センター
東大和理事長

25話　足りないのは　通常学級の包摂力です

このことばは、2017年5月発行の北村小夜さんの会報「なたまめ通信」に載りました。「特別支援学校が足りない」とする新聞の大きな見出しを見るたび「違う、違う」と叫んでいた時に見つけたことばです。

２００6年に国連で障害者権利条約が採択され、２００７年に文科省は特殊教育を特別支援教育に改めました。マスコミは「特別支援学級が足りない、特別支援学校が足りない」と、何度も繰り返し報道しました。朝日新聞の２００９年4月26日には、「特別支援学校生急増　教員・教室足らず　障害のある子どもが通う特別支援学校の児童生徒が全国で増え続けている」と報じられました。２０１７年には、再び「３４００教室　足りない支援学校」と一面のトップでした。

この頃から幼児期に特別支援学級や特別支援学校を希望する親が増え、さらに特別支援学校が足りない状況を加速させました。八王子市では、中学校特別支援学級の希望者が多くてくじ引きで対象者を選ぶ対応をしたと聞きました。小学校を普通級で過ごした子が、「くじに当たったから、支援学級に行く」と言っていました。

私は、障害児が増えているのではなく、障害児を増やしているのだと思っています。

早期発見・早期治療で、就学前から療育センターに通うシステムとなりました。療育センターでは就学先に特別援教育をすすめます。普通学級就学の情報はほとんどありません。文科省も在学中の普通学級から気になる子を選び出し、特別支援学級への転籍をすすめたり、特殊学級からは特別支援学校への転校をすすめたりしています。このように特別支援教育へのすすめは年々強化されています。だから特別支援学校が足りないとなっているのです。

こうした時だったのです。北村さんは「足りないのは通常学級の包摂力です」と、切り返しました。足りない、足りないのは…、そう、そう、その通りです。私はこの後このことばをパクって「足りないのは、合理的配慮です」とか「足りないのは、インクルーシブアプローチです」「足りないのは、インクルーシブプログラムです」「足りないのは、共に生きる社会は共に学ぶ学校からという意識です」「足りないのは、文科省の障害者権利条約の理解です」等と使いました。

２０２１年９月に特別支援学校の設置基準ができました。２０２２年４月から順次施行されると報道されました。またまた特別支援学校が増えていきます。そして特別支援学校の子どもも増やされていきます。

足りないのは、特別支援学校ではありません。共に学び共に育つ教育です。足りないのは、通常学級の包摂力です。

26話 進路指導ができないと言うけれど 私が教員でいることが進路指導です

このことばは、遠藤滋さんから直接聞いたのか、伝え聞いたのか、本で読んだのかはっきりしないうえ、ことばもそのままでないかもしれません。でも、このようなことばです。

2021年3月の朝日新聞に「障害のある教員に学級担任の壁　勤続20年の中学校教諭」の記事が載りました。障害のある教員とは、秋田県の中学校教員の三戸学さんです。教師生活19年間学級担任を希望していますが、認められません。三戸学さんは全国連の世話人で、会報にも原稿を寄せていただきました。参議院議員の舩後靖彦さんが、文教科学委員会で三戸さんの担任問題について意見を述べ、当時の文科大臣に質問しています。

この時、私は遠藤滋さんのことばを思い出したのです。40数年たった今も、遠藤さんの提起した「障害のある教員」は認められていません。

遠藤滋さんは、東京都立光明養護学校を卒業し、普通高校・大学に進み、出身校の光明養護学校の教員となりました。光明養護学校は、全国に先駆けて1932年に「小学校ニ類スル各種学校」として認可されました。当時の名称は、東京市立光明学校でした。日本の肢体不自由児教育はここで始まったといわれています。

当時、東京都には特殊教育学校の教職員を対象とした東京都障害児学校教職員組合（都障教組）がありました。都障教組は養護学校義務化を推進していたので、この方針に反対する仲間が集まり都障教組活動者会議（都障教活）を立ち上げました。私もその一人です。ここに光明養護学校教員の芝本博志さんが、遠藤滋さんの問題を一緒に取り組んでほしいと訴えてきました。

遠藤さんの問題とは、遠藤さんは東京都の採用選考をとおって、１９７４年に都立光明養護学校教諭に採用されました。採用されてみると職場では学部の所属も仕事も明らかでなく、その後に定数外の職員であることがわかりました。障害があるから教育者として支障をきたすとか、生徒の安全指導に問題があるからとの理由で、遠藤さんを一人の教員として認めないのです。遠藤さんは定数内の教員として、国語科の教科担任と学級の副担任を要望していました。

遠藤さんと芝本さんは、学校にも都教委にも訴え続けていました。生徒たちは「なぜ障害者が障害者を教えちゃいけないのですか。遠藤先生が授業を持てないのなら、ぼくたちは自分の仕事についてお先真っ暗じゃないか」と遠藤さんを支持しました。光明養護学校の卒業生でもあった遠藤さんは自分が教師として授業をすることで、生徒たちは自分の進路に希望がもてると主張していました。

当時の光明養護学校の進路指導は、卒業後は施設に入所するものが多かったので、教員たちは施設の状況を把握し知らせることだったと、芝本さんは言っていました。遠藤さんの教員としての存在は、施設入所でない新たな進路指導だとも言っていました。

２０１８年7月にＮＨＫでドキュメンタリー「えんとこの歌～寝たきり歌人遠藤滋～」が放映されるとお知らせをいただいて、見入りました。えんとこ、遠藤さんのいる所です。34年寝たきり生活の遠藤滋さんの周りには、介助をする若者たちが絶えず、70才半ばを迎えた自立生活が紹介されていました。

遠藤滋さんの歌　―相模原の事件に寄せて

恐ろしき事件ならずや19人

元職員に刺殺さるとは

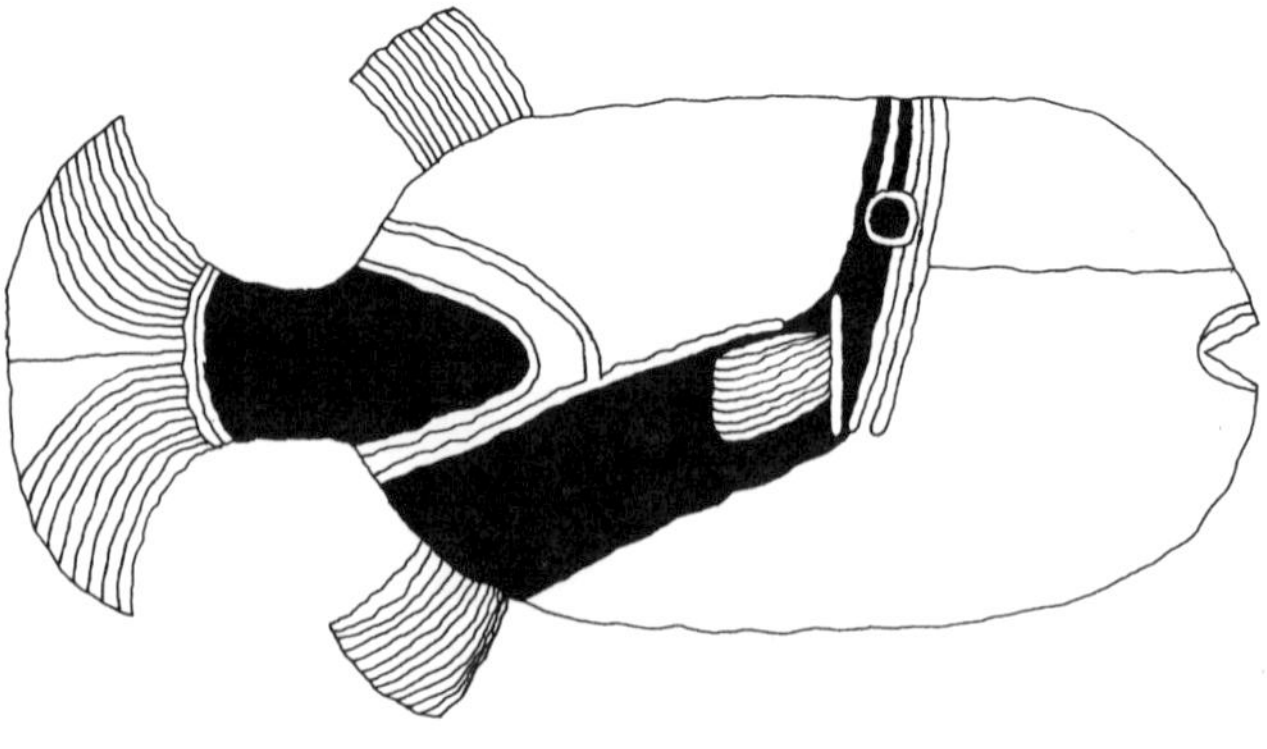

27話　ニコニコオール5

「うわ、たくさん数字が書いてある スゴ〜イ」とニコニコ顔。音楽と家庭科以外は1だった通知表を見て大喜びの娘に、特別通知表「ニコニコオール5」をあげたいと語る母親のことばです。

障害児を普通学校へ・全国連絡会は、２０２１年コロナ禍の緊急事態宣言のなか全国交流集会を東京で開催しました。母親の青木ひろみさんの報告では、娘のサラさんは、小学校の支援級から中学校の普通級へ入学しました。中学生になって、自分で考えて行動する習慣が徐々に身についてきて、だれとでも仲良く接するようになってきたそうです。交流会当日も、笑顔で受付や保育のお手伝いをしていました。私は「ニコニコオール５」納得と思いました。

通知表の評価に、私も現職時代に悩みました。だから青木さんのこのことばが、胸にズシンときたのです。私の評価した通知表は、どのように受け止められたのだろうかと考えていました。

東京都立川第二中学校の鈴木晶子さんが、音楽の評価で全員3の一律評価をし「オール3問題」と言われ大きな論争になりました。１９７0年代のことでした。また、横浜市の入船小学校の教員が指導要録の成績評定欄に斜線記入をしました。評価ということに大きな問題を提起し、評価をする側の教員たちに問いかけました。

1980年代、私が赴任した小学校は、手作りの通知表でした。手作りとは、まず担任が話し合い各教科の評価項目を絞ります。その通知表を校内で印刷します。ようやく謄写版から輪転機が出始めた頃です。通知表の各教科の評価と行動面の所見は、手書きの文章で書き入れていきました。

しかしこうした記述式評価の通知表は、親たちからの支持が得られませんでした。文章表現なので、できたのかできなかったのかわかりにくい、他の学校と同じように段階評価にしてほしいというのです。そして職員会議で何度も話し合った結果、記述式の評価をやめ到達度の段階評価を使うことになりました。

通知表の評価文を書くのには、本当に悩みました。一人ひとりの子どもの顔や行動を思い起こしながら、何度も書き直しました。もちろん自分の指導がどうだったのかも問われました。段階評価の〈よくできました・できました・がんばろう〉になって、通知表に悩む時間が少なくなったと思いました。

この頃からだと思いますが、市販のワークブックやドリルを使って学習を進めることがはやり始めました。そしてその手引きに沿った評価をするようになっていきました。この傾向は年々強まり、今では手作りの授業プリントやテスト問題を作らなくなったと聞いています。

子どもの顔を思い浮かべながら、通知表の所見を書くことは、自分への評価だと思っていましたが、デジタル化が進むと、指導内容も評価基準も全国一律化が進むのでしょうか。

きっとサラさんの担任も、サラさんの評価に悩んだことでしょう。「ニコニコオール5」を付けられるような評価項目や評価基準があったらと思ったことでしょう。

夏休み中に三者面談があり、青木さんは1が並んだ通知表では特別支援学級をすすめられると不安をもちながら出向いたそうです。担任から「サラさんの良い点が失われないようにしたい」と聞き、面談の後で先生も自分と同じ気持ちだったと安堵し、「娘を見守ってもらえる環境にもオール5を上げたい気持ちになりました」と報告では結んでいました。ニコニコオール5、いいことばです。

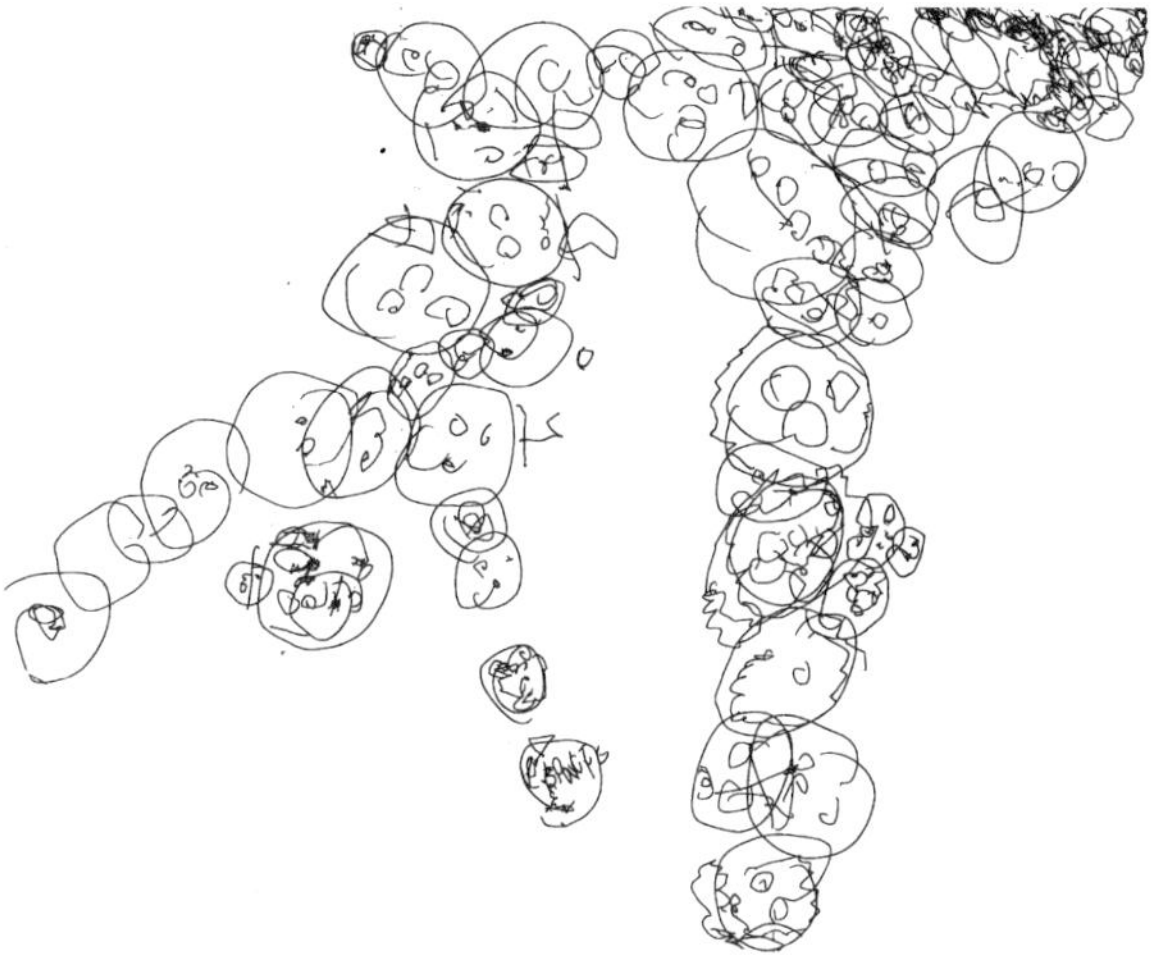

28話　座右の銘は　人と比べるな

息子は、「人は人、自分は自分、比べても仕方がない」と言い切ります。そう言えるようになったのは　普通級で6年間揉まれたからだと思います。母親の伊藤和香子さんのことばです。

伊藤和香子さんは、息子の正太郎さんが、「人と比べるな」を座右の銘にしたというのです。

正太郎さんは、いじめを乗り越え、友だちと激しく言い争い、感情をむき出しにして、相手に自己主張できるようになってきた経験から、このことばが出てきたそうです。

このことばも第20回障害児を普通学校へ全国交流集会で報告された伊藤和香子さんのレポートからです。緊張しながら報告された伊藤さんの声が耳に残っています。中学生の子が、このようなことばを座右の銘にする？　このことばが出てくる背景には、どんな経験があったのだろうかと考えてしまいました。

全国交流集会での伊藤さんのレポートから抜粋します。

順風満帆な6年間ではありませんでした。「いじめの兆候」と思われる出来事があり、「本当は学校に行きたくない」と暗い顔で登校する日が続くこともありました。学校を休むことを提案しても、「休むと意地悪をするヤツに負けることになるから俺は行く」と言い、歯を食いしばって通学しました。楽しいことだけでなく、悔しいことや辛いこともたくさん経験して自己主張できるようになりました。言い返す強さも身につきました。友達と激しく言い争い、「ふざけんな、俺の話をキチンと聞け！」と怒鳴る姿を見た時は、密かに「よし、思うことを言っちゃえ！」と心の中でエールを送りました。感情むき出しで相手に食らいつく姿を見るのは初めてだったため、とてもうれしかったです。

後日、正太郎さんのことばが私の心に響いたと伝えると、「みんないろいろな特徴や個性があって、当たり前。そういった違いを、お互いに尊重して認め合えればいいのですが、それが難しい。それぞれの違いを尊重できる度量を、私たち大人が持っているか？　社会的弱者を差別・区別したり馬鹿にしたりしていないか？子どもは、大人をうつす鏡だと思います」との伊藤さんのことばも心に響きました。

２０２０オリンピック・パラリンピック東京大会の楽曲制作に参加していた小山田圭吾さんが、制作担当を辞任したと報道されました。小山田さんは私立の小中高一貫校に在籍していた際、障害のあるクラスメイトに対して「いじめ」ということばではすまされない残虐行為を行い、そのことをインタビューで自慢するかのように語っていたことが報道されバッシングを受けていました。

全国連は〔小山田圭吾さんの「障害者いじめ」問題から見る、教育の現実に対する声明〕を出しました。その中で〔障害のある子が地域の普通学級に就学しようとすると、「普通学級に入るといじめられますよ」とか、「学年が上がるといじめの対象になる」と言われたとの相談があとを絶ちません。教育委員会や学校が「いじめ」を容認し、共に学ぶことへの道を阻んでいるのです」と訴えました。

問題は、普通学級が障害のある子が安心して学べる環境ではないことです。障害のある子がいじめられることを容認し、そのことを理由に障害のある子を排除してきた学校の在り方です。それは障害のない子にとっても、人として大切なことを学ぶ場を奪われていることになります。障害者いじめに対し、私たちはもっと強い態度で学校に抗議していかねばならないと思いました。

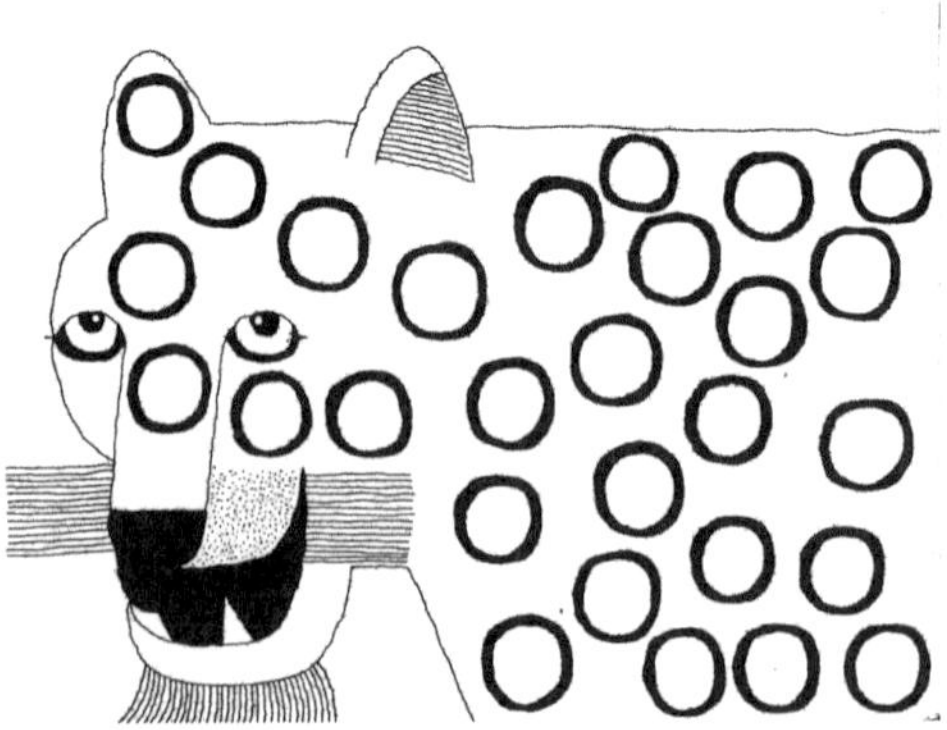

29話　障がい児も 普通学級を選べる権利がある

奥山佳恵さん（女優・タレント）が、「奥山佳恵さんの子育て日記」の中で述べていることばです。2022年1月28日の東京新聞に載っていました。

全国連の全国交流集会で、元気をもらった私たちは、「もっと前に進むため」にポスト交流集会を持ちました。奥山佳恵さんはこの集会の発題者である大和俊広さんの友達で、大和さんから声をかけられオンライン参加されていました。

奥山さんは、私たち親子（ダウン症の次男美良生さん）を「障がいがあっても普通学級へ」と導いてくれたのが、ヤマちゃん先生（大和俊広さん）だと言っています。

記事の中から引用します。

就学時　選択肢と示されたのは、「支援学級、支援学校」の二択のみ。障がい児でも「普通学級を選べる権利がある」ということさえ知りませんでした。—中略—　私もパソコン越しに叫びました。「まず行ってみて。その後に起きたことや課題は、そのたびにみんなで考えていけばいいんだから。—中略—　今度はせんえつながら、私がみんなの背中を押す番。就学先を迷っている保護者の方へ。子どもが持つ力を信じて、「大丈夫だよ！」と。

私は、「障がい児も、普通学級を選ぶ権利がある」を聞いて、権利として普通学級を選ぶという主張に、私の中になかった発想だと思いました。障害児の普通学級就学は、学校教育法施行令の「本人・保護者の意見を最大限尊重する」を根拠に、「保護者の希望通り普通学級へ」と要求しています。教育委員会は、希望を聞いたうえで総合的判断として、特別支援学級や特別支援学校に措置すると言います。私たちは希望が通らない時、教育委員会に要望書を出したり学校に要請に行ったり、時には保護者に同行して抗議をしています。

「希望を認めてください」より「権利を保障してください」のほうが、前向きです。

「希望を認めてください」より「権利を保障してください」のほうが、強く主張することができます。

「希望を認めてください」は、お願いです。「権利を保障してください」は、なぜ権利を認めないのかと抗議です。

子どもはどの子も地域の学校で教育を受ける権利があります。子どもの中に障害のある子は含まれないはずはありません。「障がい児も、普通学級を選ぶ権利がある」を、もっと主張していこうと思いました。

＊学校教育法施行令一部改正（２０１２年中教審報告）

・障害のある子どもは特別支援学校に原則就学するという従来の就学先決定の仕組みを改め、（省略）総合的な観点から就学先を決定する仕組みとする。

・総合判断…市町村教育委員会は、本人・保護

者の意見を最大限尊重し、合意形成を行うことを原則とし、市町村教育委員会が決定する。

・「認定特別支援学校就学者」を設定。

市町村教育委員会が特別支援学校に就学させることが適当であると認めた者。

・「認定就学者」を廃止。

市町村教育委員会が小・中学校で適切な教育ができると認めた者。

30話　けいちゃんと同じ小学校の同級生です

けいちゃんのお母さんは、80歳を過ぎ、デイサービスに通う毎日です。様子を伺いに行くと、お母さんが居間に倒れていました。驚いた私は、お隣の家に駆け込みました。なんと隣の女性は、けいちゃんと同じ小学校で同級生だったのです。お母さんをよく知っているとのこと、心強かったです。

ぽっと時間が空いたので、「そうだ。けいちゃんのお母さんに会いに行こう」と思いたって出かけました。そのお母さんとは、保育教育の会の古くからのつながりで、一人娘のけいちゃんは地域の学校を卒業して、もう50才近くです。

高齢になったお母さんは難聴となり、電話が使えません。体も思うように動かなくなり、けいちゃんの世話が十分にできず悩んでいました。その頃、障害福祉課の職員から「虐待をしている」と言われたと、涙ながらに悔しがっていました。着替えや入浴の介助ができずにいたそうです。しかしお母さん自身も介護を受けることになって、けいちゃんは入所施設で暮らすことになりました。一人暮らしとなったお母さんは、日中をデイケアで過ごしています。

その日、門のドアホンを何度も鳴らしましたが、返事がありません。玄関の電気もついたままでした。たぶん夕べからずっとなのでしょう。気になって庭に回り、窓から声をかけようと覗いてみると、お母さんが居間のベッドにうつ伏したままで倒れているのが見えました。もうびっくり。胸がドキドキ。警察に連絡するべきなのか、でもそんなことをして元気だったら迷惑だし、胸騒ぎを抑えながらも、思い切ってお隣の方に声をかけることにしました。

事情を話すと、なんとお隣の女性は「けいちゃんとは同じ小学校の同級生でした、よく知っていますよ。たまたま実家に帰ってきていました」と言うのです。一緒に、カギのかかっていない玄関から家に入りました。結果として、お母さんは体調が悪く着替えもせずにバタッと寝入ってしまったようで、大事にならずにすみました。

お母さんをデイケアに見送り胸騒ぎもおさまると、女性から「お茶でもどうぞ」と誘われました。お邪魔することにしました。お隣の女性は、小学校の頃のけいちゃんの話をしてくれました。「自分も子育てをするようになって、けいちゃんを育てたお母さんのご苦労がよくわかった」と何度も繰り返しました。私も、「見ず知らずのお隣さんに声をかけてよいのか迷ったが、思い切って声をかけました」と話すと、「今は実家で暮らしていませんが、お向かいのお宅の方は、けいちゃんと同じクラスでしたよ。今もここに住んでいるから、どなたに声をかけても大丈夫ですよ」と近所の方たちとのかかわりを話してくれました。

障害のある子にとって、地域の学校で共に学びつながりを持つことは、同時に母親も一緒に地域とのつながりを作っていたのだと気づきました。お隣の女性にとって、けいちゃんのお母さんは同じ小学校の友達のお母さんでした。地域とつながっていたのは、けいちゃんもそうですが、お母さんもつながっていたのでした。心がほっこりと温まり、ついつい話が弾んでしまいました。

お母さんは「小学校でけい子がいじめられている」といつも言っていましたが、今お母さんに向けられる近所の方たちの眼は、こうした付き合いの中からも作られたものなのだと思った出来事でした。

この言葉を、八王子の「個別最適化」をテーマとしたおしゃべり会で話したら、みなさんが「子どもたちだけじゃないね。大人も共にだね」と、身近にいる障害のある人たちとのつながりを見直そう、となりました。このことばも「忘れられないことば」の中に入れようと思いました。

＊個別最適化

２０２１年　中央教育審議会答申～「令和の日本型学校教育」の構築を目指して～に出された。文科省は、「個別最適化学習とは、特別な支援が必要な子どもたちも含め、一人ひとりの理解状況や能力、適性に合わせて個別に最適化された学びを指す」と説明する。「多様な学びの場」と「個別最適化」で、子どもたちが能力や障害によって選別され分ける教育が進められ、「共に学ぶ」ことが奪われている。

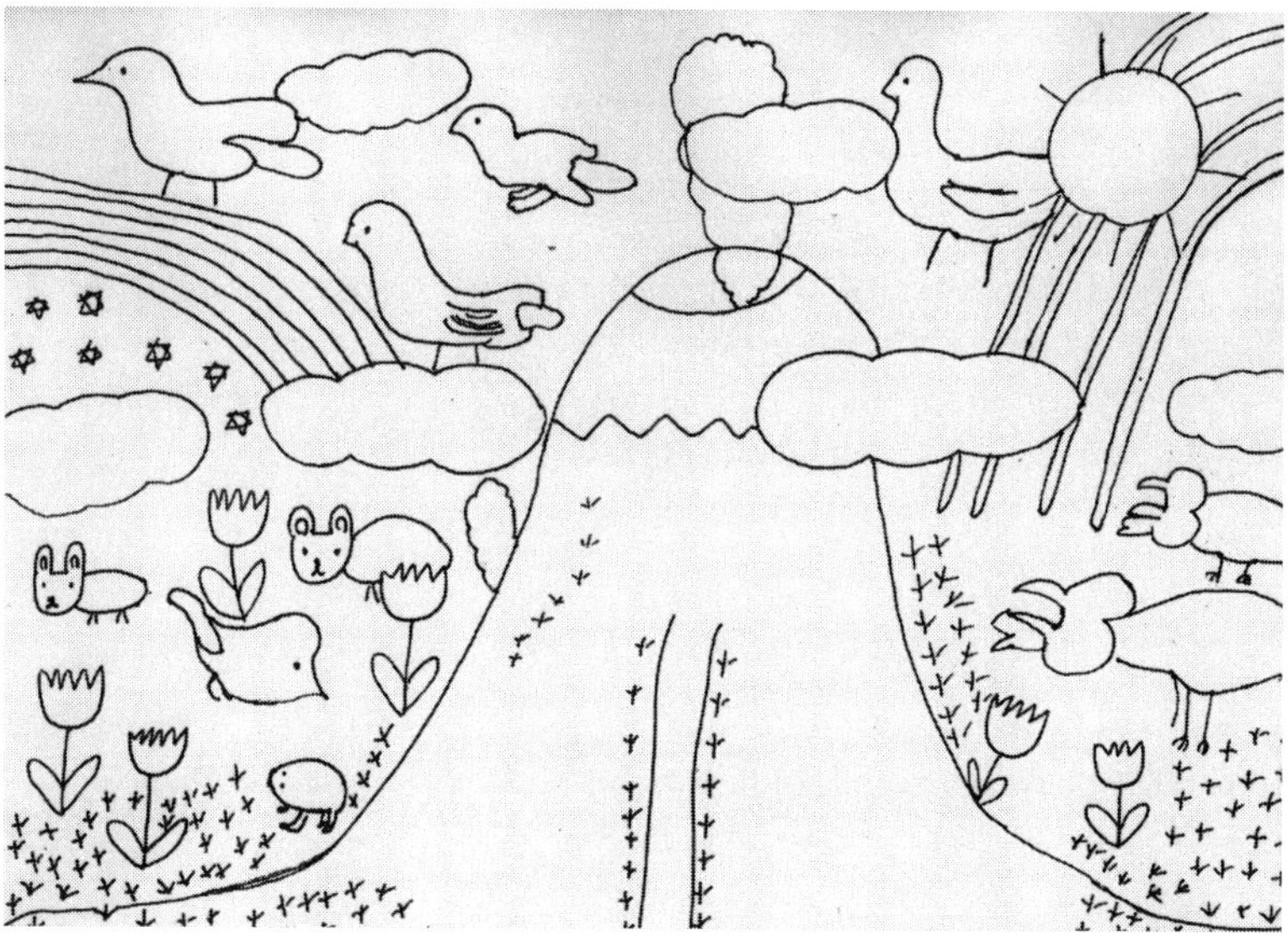

発行に寄せて

親は　とことん親ばかに

障害児を普通学校へ・全国連絡会代表　長谷川　律子

この冊子の一話、一話に登場する当事者と周りの子どもたちとの情景には、あったかい風がぐるぐる回っているみたいです。高木さんの語り口や文章表現には、かもしだされる不思議な空気感を覚えました。とても心地よかったです。

寄り添う先生の心のことばの響きが、子どもたちに伝わっている…。普通学級の在り方として、障害のない子にとっても人として大切なことを学ぶ場を奪われている…。生活の場として育った地域を基に、子ども集団の場＝学校は、共生・共育のはじめの一歩です。学びは生活に根付いてこそ活きるのです。

障害児を普通学級で受けとめる先生はいるはずです。出会えていないだけです。先生たち、心を込めて子どもと接し、語ってください。

また、親はとことん親ばかになりましょう。我が子を愛すればこそ、他人の子も可愛くなり大切にします。子どもたちはのちのちの社会の宝になり、時代を背負います。生きる誇りをもって、先生たちとつながっていきましょう。

コロナ感染の流行で、多くの人々、大人・子どもを問わず、閉塞感を抱きながらの日常生活になってしまいました。社会全体が息苦しく、あまりにも痛ましい。幼児・子どもの虐待が増え、心は痛いです。コロナで奪われた当たり前と自由は、〃共生共育〃につながっています。

高木さんが書いたことばから、希望と勇気を感じ取っていただきたいです。

そしてこの冊子が、たくさんの人たちの手元に届き共有されますことを願っています。

（2022年12月）

資料　この冊子を読むにあたり参考となる障害児教育関連の施策に関する年表

２０２２年12月　高木作成

１８７２（明５）学制公布　（寺子屋から小学校へ）
１８８６（明19）小学校令　小学校尋常科４年高等科４年の２段階
（尋常小学校を就学義務とし　義務教育の始まりと就学義務の猶予を規定）
１８９０（明23）「２次小学校令」学校設置を義務化　就学義務の免除
「教育に関する勅語」発布
１９００（明33）小学校令改正義務教育４年　授業料原則廃止就学率の向上
１９０７（明40）小学校令改正義務教育６年
１９４７（昭22）教育基本法　学校教育法公布　小・中の９年の義務教育　学習指導要領試案始
盲・聾は義務化　小・中学校の特殊学級→制度化
１９４８（昭23）学校教育法施行　６・３制による義務教育制度実施
盲・聾学校の就学義務化（１９５６年に完了）　養護学校は義務化実施の期日を別に定めた
１９５２（昭27）文部省初等中教育局に特殊教育室（現特別支援教育課）設置
１９５３（昭28）通達「教育上特別な取り扱いを要する児童生徒の判別基準について」

1958（昭33）学習指導要領改訂　試案から告示　法的拘束力付与
日の丸君が代の導入　道徳の特設　基礎学力の充実、能力・適正に応ずる教育の重視
学校保健法（現在学校保健安全法）公布　就学時検診を義務付け
1961（昭36）全国一斉学力テスト
1971（昭46）文部省「今後における学校教育の総合的な拡充整備のための基本政策」
特殊教育の積極的な拡充整備　（能力主義教育に）
1973（昭48）養護学校義務化の施行期日を定める条例を発表
1974（昭49）東京都　養護学校全員就学施行に
1976（昭51）全国障害者解放運動連絡会結成
1977（昭52）学習指導要領改訂　「ゆとりと充実」「落ちこぼれ」対応
1979（昭54）養護学校義務化施行・訪問教育の本格実施
1981（昭56）国際障害者年「完全参加と平等」
中央心身障害者対策協議会　国際障害者年特別委員会の教育育成部会
（統合教育に消極的姿勢）
文部省特殊教育課「統合教育の問題点」
「統合教育を実施しようとすれば現行の特殊教育制度、しいては学校教育全体の根幹に
触れる大問題となる」

1989（昭64）国連子どもの権利条約採択（日本1994年批准）
2条1　障害による差別の禁止
23条2・3　保護者の申し込みに応じた教育が受けられるように
1993（平5）学校教育法施行規則改正（通級指導を教育課程に位置づけ）
1994（平6）「サラマンカ宣言」（インクルージョンが世界の動向に）
1998（平10）学習指導要領改訂　国旗・国歌の指導強化　学校5日制　総合的な学習導入
2001（平13）「21世紀の特殊教育のあり方について」協力者会議
2003（平15）学習指導要領改訂　習熟度別指導　個に応じた指導の充実
「今後の特別支援教育のあり方について（最終報告）」文科省
特殊教育から特別支援教育への転換（特殊教育対象児を1％から1割へ）
・「特殊教育」とは　障害の程度等に応じ特別の場で指導を行う
・「特別支援教育」とは　教育的ニーズに応じた適切な教育的支援
・特殊教育対象児を拡げLD・ADHD・高機能自閉症を含む
・学校内に特別支援体制を作る
特別支援教育校内委員会・コーディネーター・特別支援教室・
巡回指導・就学支援シート・個別支援計画・副籍
・特別支援教育のPR・啓発事業始まる
2005（平17）文科省「特別支援教育を推進するため制度のあり方について」

発達障害者支援法施行　（増やされる障害者）
２００６（平18）障害者権利条約国連採択（日本２００７年署名　２０１４年批准）
バリアフリー法施行（「合理的配慮」「社会モデル」の考えが広まった）
教育基本法改正　（愛国心と能力主義強調）
・文科省学力向上にシフト（学力低下はゆとり教育と学習内容の削減が要因）
・学力向上フロンティアスクール　全国学力テスト復活
・習熟度別指導の徹底（上の子　下の子　気になる子）
・ＬＤ・ＡＤＨＤも通級の対象とする
２００７（平19）障害者権利条約日本署名　（インクルーシブ教育システム、合理的配慮など）
学校教育法施行規則の一部改正施行
・特殊教育が特別支援教育に　（ニーズによる個別支援が出てきた）
特別支援学校・特別支援学級・特別支援教室に名称変更
２００９（平21）特別支援学級の対象に自閉症を明記
内閣府に「障がい者制度改革推進本部」設置
・国内法の整備
「障害者基本法」「スポーツ基本法」「障害者虐待防止法」「障害者総合支援法」
「障害者差別解消法」「障害者雇用促進法」「学校教育法改正」など
２０１１（平23）改正障害者基本法

「障害者を権利主体者」「共生する社会を実現」「社会モデル」 を導入

２０１２（平24）障害者政策委員会発足

中教審報告 初中分科会報告

・「共生社会の形成に向けたインクルーシブ教育システムの構築のための特別支援教育の推進」→就学相談・就学先決定の在り方、合理的配慮、多様な学びの場の整備、教職員の専門性向上などの体制が始まる

２０１３（平25）障害者差別解消法成立、施行は２０１６年（禁止でなく解消に 罰則もなく民間は努力義務）

①障害を理由とする不当な差別的取扱いを禁止

障害のとらえ方の転換

「医学モデル」 障害を直してから社会参加↓「社会モデル」 困りごとは当事者が解決するのでなく、 みんなで解決する

②合理的配慮の不提供の禁止 （学校における合理的配慮の提供）

※共生社会の実現に向けて差別を解消するための措置を定めた

学校教育法施行令改正

・就学制度改正 原則特別支援学校に就学の仕組み廃止 本人保護者の意見を最大限尊重

２０１４（平26）障害者権利条約　批准

24条　教育

教育についての障害者の権利を認め、 機会の均等を基礎として実現するため、

障害者を包容するあらゆる段階の教育制度及び生涯学習を確保する

２０２０（令２）バリアフリー法改正

２０２１（令３）改正バリアフリー法施行

公立の小・中学校のバリアフリー化を義務付け（２０２５年を期限とし整備目標）

新しい時代の特別支援教育の在り方に関する有識者会議報告

・教育的ニーズを踏まえた学び・個別最適な学び・早期からの相談支援の充実

医療的ケア児支援法の施行（２０２１年9月から）

特別支援学校設置基準公布

２０２２（令４）国連障害者権利委員会日本政府に勧告

重視した点

①自立した生活および地域生活への包括

②インクルーシブ教育の関する国の行動計画

おわりに

２０１３年頃になって、養護学校義務化阻止闘争のドキュメンタリー映画「養護学校はあかんねん！」のＤＶＤ化が反響を呼んでいると聞きました。私は「養護学校はあかんねん」と同時に、障害のある子を切り捨てた場でもある「普通学校もあかんねん」も言わなくてはと思っていました。そこで、２０１４年から2年間にわたって、障害児を普通学校へ・全国連絡会の会報に「普通学校もあかんねん」と題し、20回ほど連載させていただきました。

「普通学校もあかんねん」の連載が終わった時、本にしてみないかと声をかけられたのですが、その時はそんな気持ちがありませんでした。その後、雑誌の原稿依頼や講演会の依頼があり、その都度「普通学校もあかんねん」をテーマとしました。そうしたことを繰り返しているうちに、これはきちんとまとめておかなければと思うようになりました。

東京オリンピック（２０２１）で、多様性や共生がよく使われました。共に生きることは、共に学び・共に育つ中から育まれます。でも学校には多様な学びの場が用意され、個別最適化として障害のある子だけでなく、すべての子どもたちが選別され分けられる教育が進められています。「普通学校もあかんねん」を言わなくてはならない時だと思いました。

改めて、みなさんからかけられたことばのすばらしさを感じています。この他にも忘れられないことばはたくさんありますが、この冊子では共に生きる・共に学ぶに沿ったものを取り上げました。

私の心に突き刺さり、忘れられないことばを残した方たちのうち、名前を出している方は多くの方がご存じの方です。また、すでに亡くなられた方もいらっしゃいます。原稿を書いている間に、海老原宏美さんと遠藤滋さんの訃報も入りました。匿名にした方は、担任した子どもたちや身近な知り合いの方です。

この本を読まれたみなさん、あなたは今、障害者の方たちとつながりがありますか？

共に生きる者としてつながっているか、考えてみてください。

2022年9月

高木千恵子

高木千恵子（たかぎ　ちえこ）

1970年「障害児のために」と教育学部特殊教育学科を卒業し、養護学校の教員になる。「養護学校の先生は、差別者だ」と障害者解放を訴える障害者達から突き付けられ、養護学校義務化阻止共闘会議に関わる。そして「障害者のためにから、障害者と共に」がわかるようになる。1981年八王子市内の小学校へ移り、普通学級で障害児を受けとめ共に学ぶ教育に取り組む。その後、日野市、世田谷区、調布市に転勤し、その間に特殊学級の担任も経験する。退職後、東日本大震災の年に「東北関東大震災障害者救援本部」で救援活動をする。救援本部が閉じた2016年から「障害児を普通学校へ・全国連絡会」の運営委員・事務局長となり現在に至る。
（※養護学校：現在特別支援学校　特殊学級：現在特別支援学級）

せんせい　ぼく　障害児？

ー心に刺さった忘れられないことばー

2023年1月31日　　初版第1刷

著　者　　高木千恵子
装丁・さし絵　　鈴木早苗　結の会のみなさん
発行者　　志子田悦郎
発行所　　株式会社 千書房
横浜市港北区菊名5－1－43－301
TEL　045－430－4530
FAX　045－430－4533
振　替　00190-8-64628

ISBN978-4-7873-0063-8 C0036